甘肃省高水平专业群（智慧财经专业群）建设计划项目系列教材
校企合作新形态教材
21世纪经济管理新形态教材·工商管理系列

智能估值实践工作手册

主　编 ◎ 李玉环
副主编 ◎ 李曼丽　尚甜甜
　　　　王宝洁　保姿卉

清华大学出版社
北京

内容简介

本书以"1+X证书"智能估值数据采集与应用职业技能等级证书（初级）为依据，以相关知识点系统学习为前提，从岗位角度出发，对资产评估业务在明确业务基本事项、进行现场评估调查、收集整理评估资料、评定估算形成结论、完成预测和计算各项财务指标、撰写报告完成项目结项的六大场景中展开应用。本书以真实案例贯穿始终，系统介绍了智能估值的全过程及在各个场景的应用，有助于学习者重点掌握智能估值典型工作领域、工作任务、相关知识、操作流程及操作技能。

本书既可以作为"智能估值（初级）"的培训教程，也可以作为职业院校、成人高校及应用型本科院校的财经商贸类专业群及相关专业开展校内实验实训的教学用书，还可以作为社会从业人员从事智能估值领域工作的参考用书。

本书封面贴有清华大学出版社防伪标签，无标签者不得销售。
版权所有，侵权必究。举报：010-62782989，beiqinquan@tup.tsinghua.edu.cn。

图书在版编目(CIP)数据

智能估值实践工作手册／李玉环主编. --北京：清华大学出版社，2025.4.
(21世纪经济管理新形态教材). -- ISBN 978-7-302-68940-9
Ⅰ.F20
中国国家版本馆 CIP 数据核字第 2025C2Z952 号

责任编辑：徐永杰
封面设计：汉风唐韵
责任校对：王荣静
责任印制：曹婉颖

出版发行：清华大学出版社
网　　址：https://www.tup.com.cn，https://www.wqxuetang.com
地　　址：北京清华大学学研大厦A座　　邮　编：100084
社　总　机：010-83470000　　　　　　　邮　购：010-62786544
投稿与读者服务：010-62776969，c-service@tup.tsinghua.edu.cn
质量反馈：010-62772015，zhiliang@tup.tsinghua.edu.cn

印　装　者：三河市少明印务有限公司
经　　销：全国新华书店
开　　本：185mm×260mm　　印　张：18.25　　字　数：324千字
版　　次：2025年5月第1版　　　印　次：2025年5月第1次印刷
定　　价：59.80元

产品编号：104005-01

前言

大数据、人工智能、云计算、物联网、移动互联网等信息科技正在深刻改变包括资产评估服务在内的各类财经专业服务。依托人工智能等科技手段,帮助委托方从大数据中发现价值、挖掘价值、实现价值,正是现代高端资产评估服务的职能所在。"摩估云"将开启"外部数据智能互联、评估作业协同互鉴、评估模型智能运转、评估生态良性生长"的"估值4.0新时代"。

智能估值作为资产评估的智能化新形态,是互联网、大数据、云计算、物联网和人工智能等现代科技赋能资产评估领域,实现评估过程流程化、评估作业协同化、评估信息数字化、评估风险管控化、报告撰写自动化和评估办公无纸化,从而大幅减少低效重复劳动,让专业人才解放更多精力用于提供更高附加值专业服务。当前,企业十分需要智能估值专业人才。

本书立足于智能估值主要涉及的项目经理岗、数据采集岗、资产基础法测算岗、收益法/市场法测算岗、立项审核岗、报告审核岗、核数盖章岗、项目结项岗,从岗位的角度出发,对一家公司——昆山舰鹰自动化设备有限公司的完整业务进行技能点的梳理以及摩估云系统智能估值平台业务处理。本书的主要特点有:案例真,综合案例源于真实的企业业务及平台操作,紧密贴合现实;实操性强,模拟企业真实的业务及处理,旨在培养学生全局性的专业知识水平和实操能力。

李玉环负责本书前言、导论、项目4(任务4-10~任务4-13)、项目5的编写和案例审定及全书的统稿、修订工作,李曼丽负责项目1、项目2(任务2-1~任务2-3)的编写及案例的审定,王宝洁负责项目2(任务2-4~任务2-17)的编写及案例的审定,保姿卉负责项目3的编写及案例的审定,尚甜甜负责项目4(任务4-1~任务4-9)、项目6的编写及案例审定。本书在编写过程中得到了中联集团教育科技有限公司的支持与帮助,本书还得到了甘肃财贸职业学院智慧财经专业群建设项目的资助,在此由衷地表示感谢。

  由于时间仓促,书中疏漏之处在所难免,恳请读者批评指正。

编者

2024 年 12 月

目录

导论 / 1

项目1 明确业务基本事项 / 5

任务1-1 在已创建评估项目中填写项目基本信息、被评估单位信息 / 5

任务1-2 撰写资产评估委托合同、独立性自查 / 10

任务1-3 编制评估计划 / 15

任务1-4 提交并完成立项审核 / 20

任务1-5 导入数据申报表、收益法数据表、市场法数据表 / 29

任务1-6 完成企业综合资料整理与上传 / 39

任务1-7 完成宏观环境资料整理与上传 / 44

项目2 进行现场评估调查 / 50

任务2-1 完成库存现金的现场核查工作 / 50

任务2-2 完成银行存款的现场核查工作 / 59

任务2-3 完成六个往来账款科目的现场核查工作 / 66

任务2-4 完成存货的现场核查工作 / 74

任务2-5 完成金融资产的现场核查工作 / 79

任务2-6 完成机器设备的现场核查工作 / 86

任务2-7 完成车辆的现场核查工作 / 91

任务2-8 完成电子设备的现场核查工作 / 97

任务2-9 完成投资性房地产的现场核查工作 / 102

任务2-10 完成房屋建筑物的现场核查工作 / 106

任务2-11　完成土地使用权的现场核查工作　/　110

　　任务2-12　完成其他无形资产的现场核查工作　/　114

　　任务2-13　完成企业负债的现场核查工作　/　119

　　任务2-14　完成企业访谈——高管访谈任务　/　121

　　任务2-15　完成企业访谈——市场访谈任务　/　124

　　任务2-16　完成企业访谈——人力访谈任务　/　126

　　任务2-17　完成企业访谈——财务访谈任务　/　128

项目3　收集整理评估资料　/　131

　　任务3-1　核查企业综合数据和环境数据采集工作　/　131

　　任务3-2　补充现金明细表并核查库存现金现场工作　/　134

　　任务3-3　补充银行存款明细表并核查银行存款现场工作　/　137

　　任务3-4　补充往来账款明细表并核查往来账款现场工作　/　140

　　任务3-5　补充存货明细表并核查存货现场工作　/　143

　　任务3-6　补充交易性金融资产明细表并核查交易性金融资产现场工作　/　147

　　任务3-7　补充机器设备明细表并核查机器设备现场工作　/　150

　　任务3-8　补充车辆明细表并核查车辆现场工作　/　153

　　任务3-9　补充电子设备明细表并核查电子设备现场工作　/　156

　　任务3-10　补充投资性房地产明细表并核查投资性房地产现场工作　/　159

　　任务3-11　补充房屋建筑物明细表并核查房屋建筑物现场工作　/　162

　　任务3-12　补充土地使用权明细表并核查土地使用权现场工作　/　165

　　任务3-13　补充其他无形资产明细表并核查其他无形资产现场工作　/　168

　　任务3-14　补充企业负债各项明细表并核查企业负债现场工作　/　171

项目4　评定估算形成结论　/　175

　　任务4-1　计算企业货币资金的评估价值　/　175

　　任务4-2　计算企业六个往来账款的评估价值　/　178

　　任务4-3　计算企业存货的评估价值　/　183

　　任务4-4　计算企业金融资产的评估价值　/　188

　　任务4-5　计算企业机器设备的评估价值　/　192

　　任务4-6　计算企业车辆的评估价值　/　196

　　任务4-7　计算企业电子设备的评估价值　/　200

任务4-8　计算企业投资性房地产的评估价值　/　204

任务4-9　计算企业房屋建筑物的评估价值　/　208

任务4-10　计算企业土地使用权的评估价值　/　212

任务4-11　计算企业其他无形资产的评估价值　/　218

任务4-12　计算企业负债的评估价值　/　224

任务4-13　根据企业特点选择合适的现金流折现模型　/　228

项目5　完成预测和计算各项财务指标　/　231

任务5-1　完成企业营业收入和成本的预测　/　231

任务5-2　完成企业税金及附加的预测　/　233

任务5-3　完成企业期间费用的预测　/　235

任务5-4　完成企业营业利润、利润总额和净利润的预测　/　238

任务5-5　完成企业折旧摊销费用的计算　/　241

任务5-6　完成企业资本性支出的预测　/　244

任务5-7　完成企业营运资金的预测　/　246

任务5-8　计算企业现金流　/　249

任务5-9　完成企业价值适用的折现率的计算及企业经营性资产评估价值的计算　/　251

任务5-10　完成企业价值收益法评估结果的计算　/　253

任务5-11　选择可比案例　/　256

任务5-12　选择合适的价值比率　/　258

任务5-13　录入企业与可比案例的财务数据并计算各项财务指标　/　261

任务5-14　建立财务指标评价体系并计算可比案例修正后的价值比率　/　264

任务5-15　完成企业价值市场法评估结果的计算　/　268

项目6　撰写报告完成项目结项　/　271

任务6-1　完成评估报告的撰写　/　271

任务6-2　申请并完成报告审核　/　273

任务6-3　申请核数盖章并出具评估报告　/　277

任务6-4　整理评估档案并完成项目结项　/　280

参考文献　/　283

导 论

教材设计思路

本书以综合案例——昆山舰鹰自动化设备有限公司（简称舰鹰公司）的信息资料为基础，将新一代信息技术对资产评估工作的融合、升级融入教材内容，从智能估值涉及的八个主要的工作岗位——项目经理岗、数据采集岗、资产基础法测算岗、收益法/市场法测算岗、立项审核岗、报告审核岗、核数盖章岗、项目结项岗的核心能力出发，结合"1+X"智能估值职业技能等级证书，对标"智能估值"技能大赛赛项，进行"岗课赛证"一体化教材内容设计。

本书以工作任务为引领，对舰鹰公司的资产进行全面的估值，对项目的前期阶段、具体实施阶段、整理结束阶段进行一体化处理。区别于传统资产评估教材对业务进行抽象描述的方式，本书通过大量的图片，尽量对企业真实的业务处理流程进行还原，让读者了解真实业务的全貌，更快地掌握在摩估云系统进行智能估值数据的采集和处理的知识与技能。本书将家国情怀、职业精神、个人成长有机融入教育教学全过程，旨在培养"遵法治、讲诚信、尚劳动"的高素质智能估值人才。

项目基本情况

中联资产评估公司合伙人（简称中联合伙人）通过合作伙伴介绍，了解到苏州新区高新技术产业股份有限公司（简称苏州高新）近期为扩大企业在产业上下游的影响力，在找寻优秀公司进行投资，经过初步的了解，知悉该公司选择了舰鹰公司进行投资。

苏州高新与舰鹰公司达成初步合作意向后，向中联合伙人发出了评估需求和招标邀请。合伙人在内部将该项目起名为"雄鹰项目"，以符合保密的相关要求。舰鹰公司属于设备生产及销售公司。在未拿到详细的财务信息时，根据经验判断，应当选取资产基础法进行评估。后续项目组要根据企业提供的信息和在市场收集的相关信息，选择收益法或市场法进行评估，若资料充分，项目时间充裕，可同时采用收益法与市场法对结果进行比较，择优作为本项目的评估方法。

资产评估项目基本程序

根据中国资产评估协会《资产评估执业准则——资产评估程序》的规定，资产评估基本程序包括八项：明确业务基本事项→订立业务委托合同→编制资产评估计划→进行评估现场调查→收集整理评估资料→评定估算形成结论→编制出具评估报告→整理归集评估档案。

一、明确业务基本事项

资产评估机构受理资产评估业务前，应当明确下列资产评估业务基本事项。

（1）委托人、产权持有人和委托人以外的其他资产评估报告使用人。

（2）评估目的。

（3）评估对象和评估范围。

（4）价值类型。

（5）评估基准日。

（6）资产评估报告使用范围。

（7）资产评估报告提交期限及方式。

（8）评估服务费及支付方式。

（9）委托人、其他相关当事人与资产评估机构及其资产评估专业人员工作配合和协助等需要明确的重要事项。

二、订立业务委托合同

资产评估机构受理资产评估业务应当与委托人依法订立资产评估委托合同，约定资产评估机构和委托人权利、义务、违约责任和争议解决等内容。

三、编制资产评估计划

资产评估专业人员应当根据资产评估业务具体情况编制资产评估计划，并合理确定资产评估计划的繁简程度。资产评估计划包括资产评估业务实施的主要过程及时间进度、人员安排等。

四、进行评估现场调查

执行资产评估业务，应当对评估对象进行现场调查，获取评估业务需要的资料，了解评估对象现状，关注评估对象法律权属。

现场调查手段通常包括询问、访谈、核对、监盘、勘查等。资产评估专业人员可以根据重要性原则采用逐项或者抽样的方式进行现场调查。

五、收集整理评估资料

资产评估专业人员应当根据资产评估业务具体情况收集资产评估业务需要的资料，包括：委托人或者其他相关当事人提供的涉及评估对象和评估范围等资料；从政府部门、各类专业机构及市场等渠道获取的其他资料。

资产评估专业人员应当要求委托人或者其他相关当事人提供涉及评估对象和评估范围的必要资料。资产评估专业人员应当要求委托人或者其他相关当事人对其提供的资产评估明细表及其他重要资料进行确认，确认方式包括签字、盖章及法律允许的其他方式。资产评估专业人员应当根据所采用的评估方法，选取相应的公式和参数进行分析、计算和判断，形成测算结果。

六、评定估算形成结论

资产评估专业人员应当依法对资产评估活动中使用的资料进行核查验证。核查验证的方式通常包括观察、询问、书面审查、实地调查、查询、函证、复核等。超出资产评估专业人员专业能力范畴的核查验证事项，资产评估专业人员应当委托或者要求委托人委托其他专业机构出具意见。因法律法规规定、客观条件限制无法实施核查验证的事项，资产评估专业人员应当在工作底稿中予以说明，分析其对评估结论的影响程度，并在资产评估报告中予以披露。如果上述事项对评估结论产生重大影响，资产评估机构不得出具资产评估报告。

七、编制出具评估报告

资产评估专业人员应当根据资产评估业务具体情况对收集的评估资料进行分析、归纳和整理，形成评定估算和编制资产评估报告的依据。

资产评估专业人员应当根据评估目的、评估对象、价值类型、资料收集等情况，分析市场法、收益法和成本法三种资产评估基本方法的适用性，选择评估方法。资产评估专业人员应当对形成的测算结果进行综合分析，形成评估结论。对同一评估对象采用多种评估方法时，应当对采用各种方法评估形成的测算结果进行分析比较，确定评估结论。资产评估专业人员应当在评定、估算形成评估结论后，编制初步资产评估报告。

资产评估机构应当按照法律、行政法规、资产评估准则和资产评估机构内部质量控制制度，对初步资产评估报告进行内部审核。资产评估机构出具资产评估报告前，在不影响对评估结论进行独立判断的前提下，可以与委托人或者委托人同意的其他相关当事人就资产评估报告有关内容进行沟通。资产评估机构及其资产评估专业人员完成上述资产评估程序后，由资产评估机构出具并提交资产评估报告。

智能估值实践工作手册

八、整理归集评估档案

资产评估机构应当对工作底稿、资产评估报告及其他相关资料进行整理,形成资产评估档案。

项目 1　明确业务基本事项

任务 1-1　在已创建评估项目中填写项目基本信息、被评估单位信息

任务场景

　　2021 年 1 月初,中联资产评估公司通过招投标,承接了舰鹰公司的评估项目。2021 年 1 月 4 日,部门经理胡超与部门副经理王青前往舰鹰公司总部,与公司的财务负责人李馨怡及财务主任朱义君就项目相关情况进行了洽谈,并形成了项目洽谈记录。王青于当天将企业申报表、收益法数据表和市场法数据表发给朱义君,并要求企业尽快完成上述三份表格。

　　当天,胡超安排了同部门的 4 位同事成立了舰鹰设备项目组,完成从舰鹰设备项目的立项到资产评估报告初稿的编写。

　　与舰鹰设备相关的资料已经发送至摩估云系统"待修改"项目中。项目经理在掌握项目背景、被评估单位的基本信息后,需要对舰鹰设备项目进行立项。

任务目标

1. 在摩估云系统中进行项目立项,成立项目小组,启动资产评估项目。
2. 在项目小组共享项目全部信息。

任务涉及岗位

　　项目经理岗。

任务要求

　　根据摩估云系统中的相关文件及资料,在摩估云系统主页"待修改"项目中补充或修改项目信息、其他信息和被评估单位信息。

任务实施

　　步骤 1:单击"摩估云"按钮,进入摩估云系统,如图 1-1 所示。

图1-1 登录摩估云系统

步骤2：进入摩估云系统主页后，选择待修改的项目，单击"苏州新区高新技术产业股份有限公司拟收购昆山舰鹰自动化设备有限公司25%股权资产评估项目"（以下简称"舰鹰设备项目"）按钮，如图1-2所示。

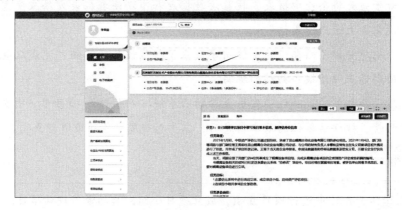

图1-2 选定待修改的项目

步骤3：单击"基本信息"选项卡，进入项目信息界面，如图1-3所示。

图1-3 进入项目信息界面

步骤4：单击"昆山舰鹰自动化设备有限公司"按钮，进入被评估单位信息界面，如图1-4所示。

图1-4 进入被评估单位信息界面

步骤5：单击"电子档案库"选项卡，如图1-5所示。

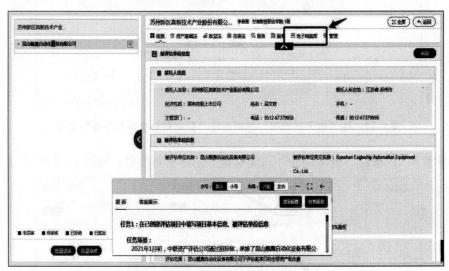

图1-5 单击"电子档案库"选项卡

步骤6：在"电子档案库"界面查看与项目相关的文件，如图1-6所示。

图1-6 在"电子档案库"界面查看与项目相关的文件

步骤7：在"电子档案库"界面查看"公司营业执照复印件"文件，如图1-7所示。

图1-7 在"电子档案库"界面查看"公司营业执照复印件"文件

步骤8：在项目"基本信息"功能模块下完善项目信息，如图1-8所示。

图1-8 在项目"基本信息"功能模块下完善项目信息

步骤9：在项目"基本信息"功能模块下完善其他信息，如图1-9所示。

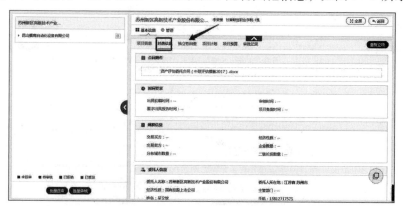

图1-9 在"基本信息"功能模块下完善其他信息

步骤10：在"被评估单位信息"页面完善委托人信息，如图1-10所示。

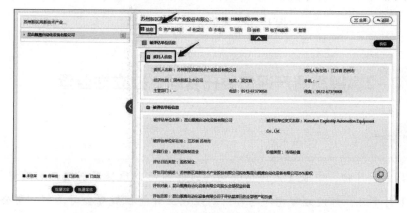

图1-10 在"被评估单位信息"页面完善委托人信息

步骤11：单击"编辑"按钮进行完善，如图1-11所示。

图1-11 单击"编辑"按钮

步骤12：在"被评估单位信息"页面单击"编辑"按钮，完善被评估单位信息，如图1-12所示。

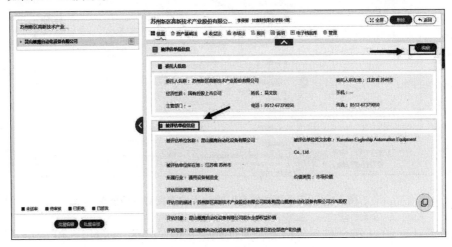

图1-12　完善被评估单位信息

任务1-2　撰写资产评估委托合同、独立性自查

任务场景

2021年1月初，中联资产评估公司通过招投标，承接了舰鹰公司的评估项目。2021年1月4日，部门经理胡超与部门副经理王青前往舰鹰公司总部，与公司的财务负责人李馨怡及财务主任朱义君就项目相关情况进行了洽谈，并形成了项目洽谈记录。王青于当天将企业申报表、收益法数据表和市场法数据表发给朱义君，并要求企业尽快完成上述三份表格。

当天，胡超安排了同部门的4位同事成立了舰鹰设备项目组，完成从舰鹰设备项目的立项到资产评估报告初稿的编写。

与舰鹰设备相关的资料已经发送至摩估云系统"待修改"项目中。项目经理在掌握项目背景、被评估单位的基本信息后，需要对舰鹰设备项目进行立项。

任务目标

1. 撰写资产评估委托合同，确认本次评估项目委托关系。
2. 排查项目小组成员的独立性，保持本次项目的中立性。

项目1　明确业务基本事项

任务涉及岗位

项目经理岗。

任务要求

根据立项信息，撰写资产评估委托合同，并将撰写好的委托合同上传至摩估云系统中，完成项目独立性自查。

任务实施

步骤1：下载资产评估委托合同模板文件，如图1-13所示。

图1-13　下载资产评估委托合同模板文件

步骤2：根据立项信息，完成舰鹰项目资产评估委托合同的撰写，如图1-14所示。

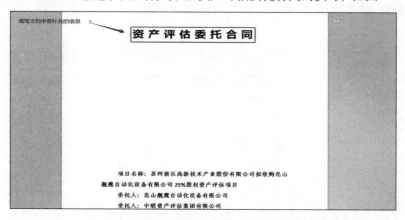

图1-14　完成舰鹰项目资产评估委托合同的撰写

步骤3：单击"摩估云"按钮，进入摩估云系统，如图1-15所示。

11

图 1-15　进入摩估云系统

步骤4：在摩估云系统主页中单击"舰鹰设备项目"按钮，如图 1-16 所示。

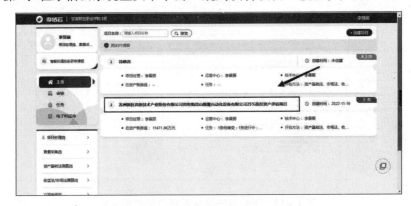

图 1-16　单击"舰鹰设备项目"按钮

步骤5：单击项目"基本信息"功能模块"其他信息"选项卡，如图 1-17 所示。

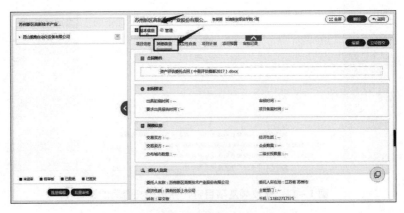

图 1-17　单击"其他信息"选项卡

步骤6：单击"编辑"按钮，准备添加上传资产评估委托合同，如图1-18所示。

图1-18 单击"编辑"按钮

步骤7：上传资产评估委托合同，单击"合同上传"按钮，如图1-19所示。

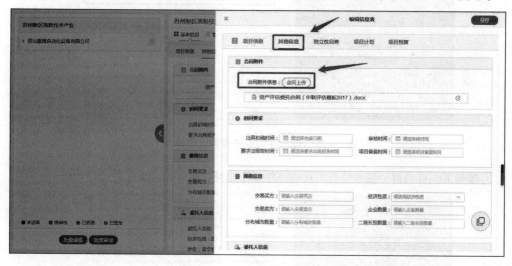

图1-19 上传资产评估委托合同

步骤8：从桌面上找到最初下载并补充完整的合同文档，单击"打开"按钮，如图1-20所示。

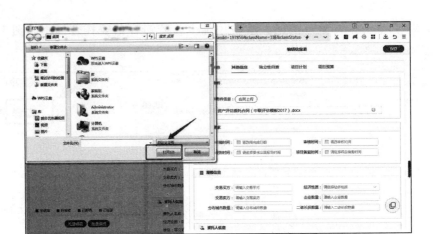

图1-20　单击"打开"按钮

步骤9：资产评估委托合同上传成功，如图1-21所示。

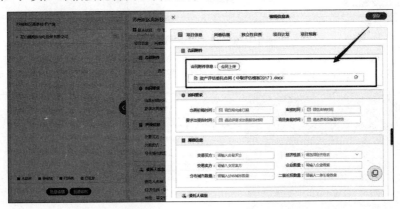

图1-21　资产评估委托合同上传成功

步骤10：在项目"基本信息"功能模块下完成独立性自查，如图1-22所示。

图1-22　完成独立性自查

步骤11：完成以上操作，单击"保存"按钮，如图1-23所示。

图1-23 保存编辑信息表

任务1-3 编制评估计划

任务场景

2021年1月初，中联资产评估公司通过招投标，承接了舰鹰公司的评估项目。2021年1月4日，部门经理胡超与部门副经理王青前往舰鹰公司总部，与公司的财务负责人李馨怡及财务主任朱义君就项目相关情况进行了洽谈，并形成了项目洽谈记录。王青于当天将企业申报表、收益法数据表和市场法数据表发给朱义君，并要求企业尽快完成上述三份表格。

当天，胡超安排了同部门的4位同事成立了舰鹰设备项目组，完成从舰鹰设备项目的立项到资产评估报告初稿的编写。

与舰鹰设备相关的资料已经发送至摩估云系统"待修改"项目中。项目经理在掌握项目背景、被评估单位的基本信息后，需要对舰鹰设备项目进行立项。

任务目标

1. 根据立项信息，合理安排项目各个任务。
2. 编写资产评估项目计划，体现资产评估工作的计划性。

任务涉及岗位

项目经理岗。

任务要求

根据立项信息及委托合同，在摩估云系统中填写项目计划。

任务实施

步骤1：单击"摩估云"按钮，进入摩估云系统，如图1-24所示。

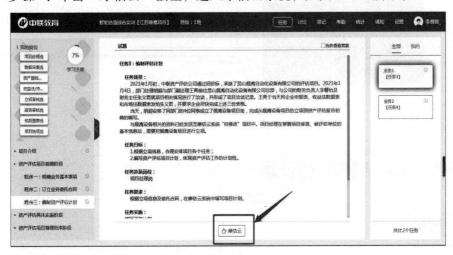

图1-24 进入摩估云系统

步骤2：在摩估云系统主页中单击"舰鹰设备项目"按钮，如图1-25所示。

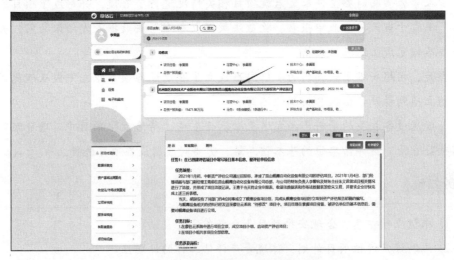

图1-25 单击"舰鹰设备项目"按钮

步骤3：单击项目"基本信息"选项卡，如图1-26所示。

图 1-26　单击项目"基本信息"选项卡

步骤4：单击项目"项目计划"按钮，如图 1-27 所示。

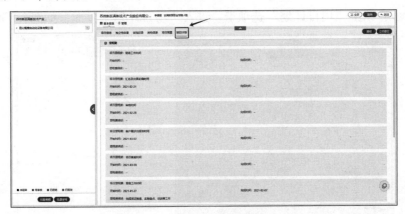

图 1-27　单击项目"项目计划"按钮

步骤5：单击"编辑"按钮，如图 1-28 所示。

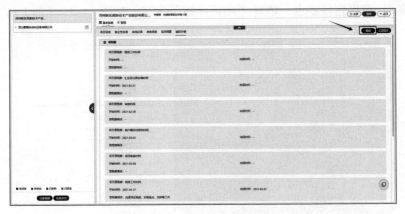

图 1-28　单击"编辑"按钮

步骤6：进入编辑界面，如图1-29所示。

图1-29　进入编辑界面

步骤7：单击"项目计划"选项卡，进入"项目计划"界面，如图1-30所示。

图1-30　进入"项目计划"界面

步骤8：根据题目要求，填写"项目计划"内容，如图1-31至图1-35所示。

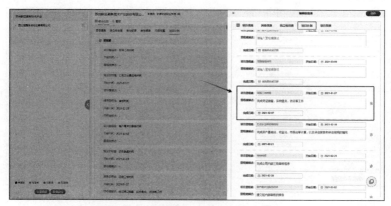

图1-31　填写"项目计划"内容（1）

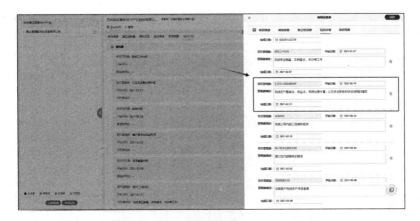

图 1-32 填写"项目计划"内容（2）

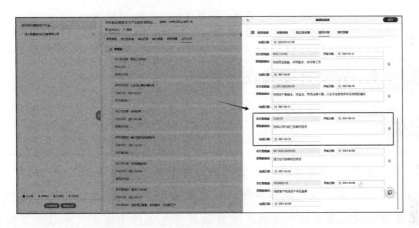

图 1-33 填写"项目计划"内容（3）

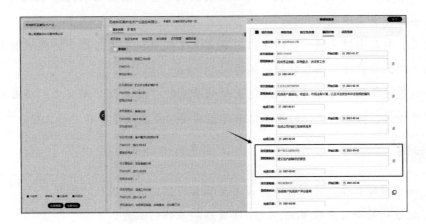

图 1-34 填写"项目计划"内容（4）

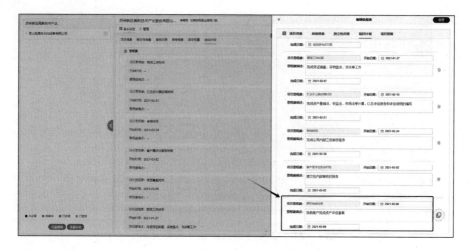

图1-35 填写"项目计划"内容（5）

任务1-4 提交并完成立项审核

任务场景

2021年1月初，中联资产评估公司通过招投标，承接了舰鹰公司的评估项目。2021年1月4日，部门经理胡超与部门副经理王青前往舰鹰公司总部，与公司的财务负责人李馨怡及财务主任朱义君就项目相关情况进行了洽谈，并形成了项目洽谈记录。王青于当天将企业申报表、收益法数据表和市场法数据表发给朱义君，并要求企业尽快完成上述三份表格。

当天，胡超安排了同部门的4位同事成立了舰鹰设备项目组，完成从舰鹰设备项目的立项到资产评估报告初稿的编写。

与舰鹰设备相关的资料已经发送至摩估云系统"待修改"项目中。项目经理在掌握项目背景、被评估单位的基本信息后，需要对舰鹰设备项目进行立项。

任务目标

1. 通过项目立项，将项目审核提早至项目前期，提高项目的顺利度。
2. 经过公司项目立项审批，减小项目后期工作的阻力。

任务涉及岗位

项目经理岗、立项审核岗。

项目1 明确业务基本事项

任务要求

1. 项目经理岗在摩估云系统中提交舰鹰项目的立项。
2. 立项审核岗在摩估云系统中审核舰鹰项目的立项信息。

任务实施

提交审核

步骤1：单击"任务4"按钮，如图1-36所示。

图1-36 进入"任务4"

步骤2：单击"摩估云"按钮，进入摩估云系统，如图1-37所示。

图1-37 进入摩估云系统

步骤3：在摩估云系统主页中单击"舰鹰设备项目"按钮，如图1-38所示。

21

图1-38 单击"舰鹰设备项目"按钮

步骤4：进入基本信息下的项目信息界面，如图1-39所示。

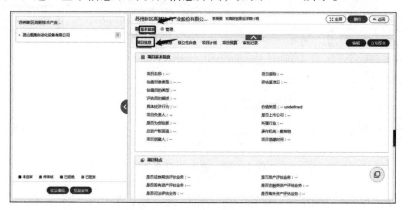

图1-39 进入基本信息下的项目信息界面

步骤5：单击"编辑"按钮，如图1-40所示。

图1-40 单击"编辑"按钮

步骤6：进入编辑界面，确认已编辑内容的准确性，如图1-41所示。

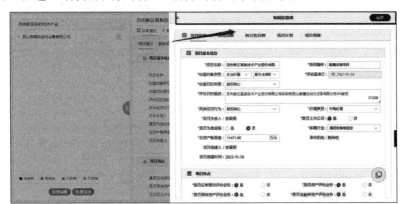

图1-41　进入编辑界面

步骤7：单击"保存"按钮，如图1-42所示。

图1-42　单击"保存"按钮

步骤8：返回至基本信息界面，如图1-43所示。

图1-43　返回至基本信息界面

步骤9：单击"立项提交"按钮，如图1-44所示。

图1-44　单击"立项提交"按钮

步骤10：单击弹框中的"确认提交"按钮，如图1-45所示。

图1-45　单击弹框中的"确认提交"按钮

步骤11：完成立项提交，右上角按钮变为"重新立项"，如图1-46所示。

图1-46　完成立项提交

项目1　明确业务基本事项

立项审核

步骤1：单击"摩估云"按钮，进入摩估云系统，如图1-47所示。

图1-47　进入摩估云系统

步骤2：在摩估云系统主页中单击"审核"按钮，进入各级审核页面，如图1-48所示。

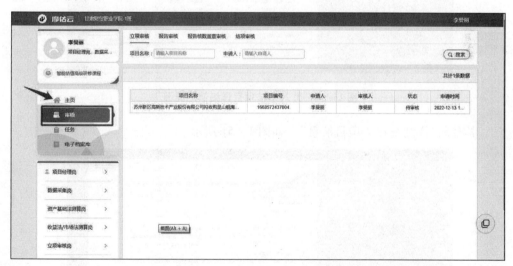

图1-48　进入各级审核页面

步骤3：在摩估云系统审核页面中单击"舰鹰设备项目"按钮，如图1-49所示。

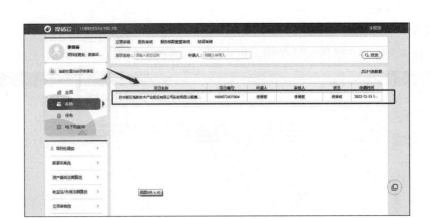

图1-49　单击"舰鹰设备项目"按钮

步骤4：进入审核项目详细信息界面进行查看，如图1-50所示。

图1-50　进入审核项目详细信息界面

步骤5：详细查看"项目信息"，如图1-51所示。

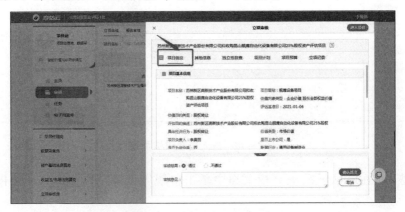

图1-51　详细查看"项目信息"

步骤6：详细查看"其他信息"，如图1-52所示。

图1-52　详细查看"其他信息"

步骤7：详细查看"独立性自查"，如图1-53所示。

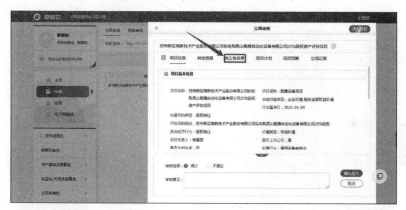

图1-53　详细查看"独立性自查"

步骤8：详细查看"项目计划"，如图1-54所示。

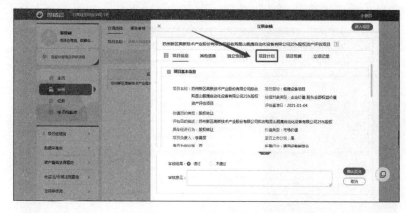

图1-54　详细查看"项目计划"

步骤9：根据项目的经济行为、评估目的、评估对象等信息，完成项目立项审核，选择审核结果，如图1-55所示。

图1-55　完成项目立项审核

步骤10：如果审核不通过，需要列举出不通过的原因，如图1-56所示。

图1-56　列举出审核不通过的原因

步骤11：单击"确认提交"按钮，则完成立项审核，如图1-57所示。

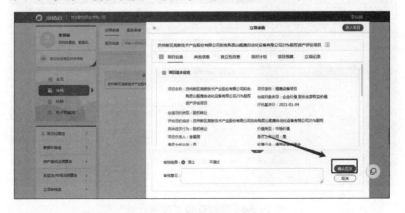

图1-57　完成立项审核

任务 1-5　导入数据申报表、收益法数据表、市场法数据表

任务场景

在与舰鹰公司签订资产评估委托合同且被评估单位完成了企业申报表（评估明细表）、收益法数据表和市场法数据表填写后，数据采集员需要在摩估云平台中导入三份表格。

上述申报表已经发送至摩估云系统中。

任务目标

通过导入企业申报表（评估明细表）、收益法数据表、市场法数据表，被评估单位的信息可以实时在项目小组中共享。

任务涉及岗位

数据采集岗。

任务要求

将收到的企业申报明细表、收益法数据表和市场法数据表分别上传到摩估云系统的资产基础法模块、收益法模块和市场法模块下。

任务实施

步骤 1：单击"摩估云"按钮，进入摩估云系统，如图 1-58 所示。

图 1-58　进入摩估云系统

步骤2：在摩估云系统主页中单击"舰鹰设备项目"按钮，如图1-59所示。

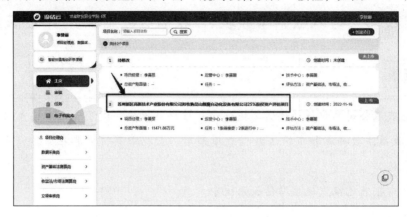

图1-59　单击"舰鹰设备项目"按钮

步骤3：单击"昆山舰鹰自动化设备有限公司"按钮，如图1-60所示。

图1-60　单击"昆山舰鹰自动化设备有限公司"按钮

步骤4：单击"资产基础法"选项卡，如图1-61所示。

图1-61　单击"资产基础法"选项卡

步骤5：等待加载，如图1-62所示。

图1-62　等待加载

步骤6：加载完毕，如图1-63所示。

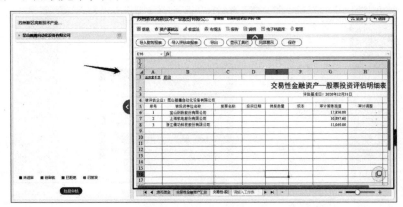

图1-63　加载完毕

步骤7：单击"导入评估申报表"按钮，如图1-64所示。

图1-64　单击"导入评估申报表"按钮

步骤8：在弹框中单击"上传申报表"按钮，如图1-65所示。

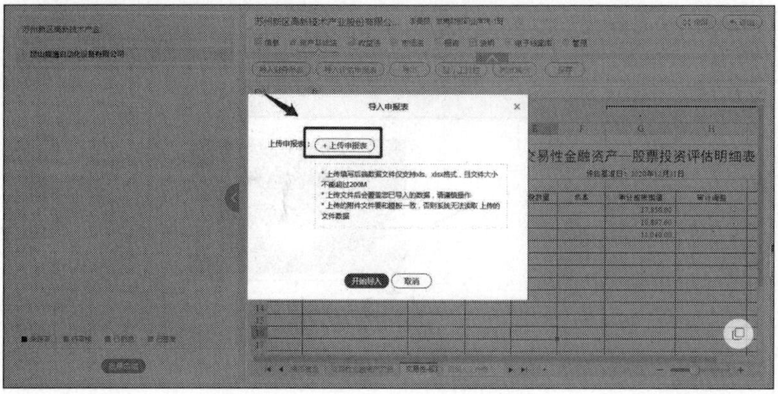

图1-65　单击"上传申报表"按钮

步骤9：进入"资产评估申报表"界面，如图1-66所示。

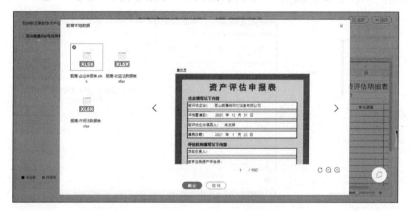

图1-66　进入"资产评估申报表"界面

步骤10：选择"企业申报表"，如图1-67所示。

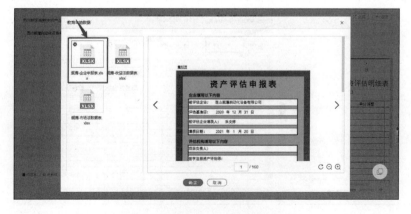

图1-67　选择"企业申报表"

项目1 明确业务基本事项

步骤11：单击"确定"按钮，如图1-68所示。

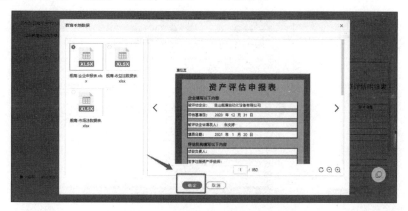

图1-68 单击"确定"按钮

步骤12：单击"开始导入"按钮，如图1-69所示。

图1-69 单击"开始导入"按钮

步骤13：等待导入完成，如图1-70所示。

图1-70 等待导入完成

33

步骤 14：导入成功，如图 1-71 所示。

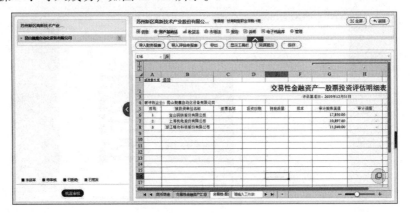

图 1-71　导入成功界面

步骤 15：进入项目"收益法"功能模块，如图 1-72 所示。

图 1-72　进入项目"收益法"功能模块

步骤 16：单击"导入"按钮，如图 1-73 所示。

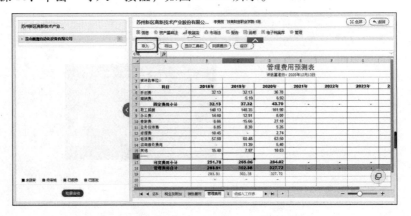

图 1-73　单击"导入"按钮

步骤17：单击"选择文件"按钮，如图1-74所示。

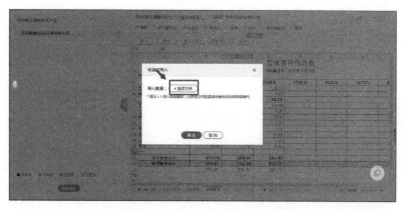

图1-74 单击"选择文件"按钮

步骤18：选择"收益法数据表"，如图1-75所示。

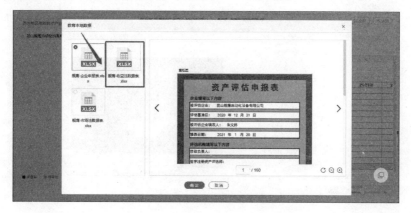

图1-75 选择"收益法数据表"

步骤19：单击"确定"按钮，如图1-76所示。

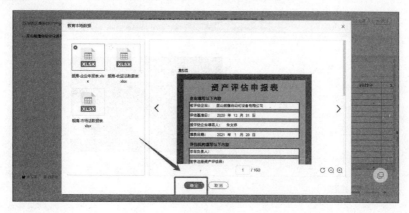

图1-76 单击"确定"按钮

步骤20：在收益法导入界面单击"确定"按钮，如图1-77所示。

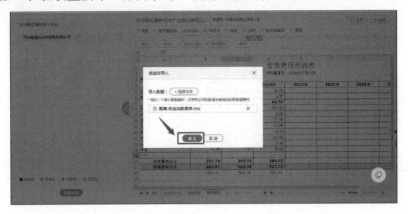

图1-77 单击"确定"按钮

步骤21：进行加载上传，如图1-78所示。

图1-78 加载上传

步骤22：进入项目"市场法"功能模块，如图1-79所示。

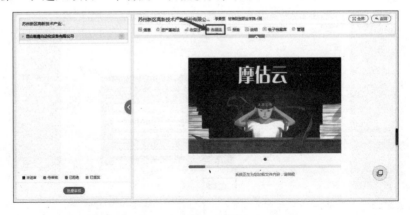

图1-79 进入项目"市场法"功能模块

步骤23：单击"导入"按钮，如图1-80所示。

图1-80　单击"导入"按钮

步骤24：单击"选择文件"按钮，如图1-81所示。

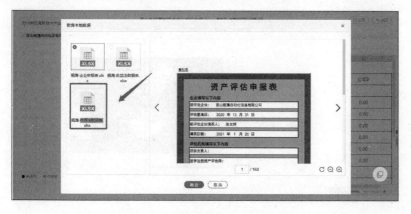

图1-81　单击"选择文件"按钮

步骤25：选择"市场法数据表"，如图1-82所示。

步骤 26：单击"确定"按钮，如图 1-83 所示。

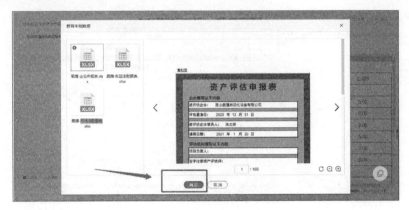

图 1-83　单击"确定"按钮

步骤 27：在市场法导入弹框中单击"确定"按钮，如图 1-84 所示。

图 1-84　单击"确定"按钮

步骤 28：等待导入完成，如图 1-85 所示。

图 1-85　等待导入完成

任务1-6 完成企业综合资料整理与上传

任务场景

在完成项目立项后,项目组需要前往被评估单位的办公地和生产地,对被评估单位申报的资产、负债、收入、成本、费用等内容进行现场调查。通过询问、访谈、核对、监盘、勘察等合适的手段,完成评估项目现场调查工作。

每个工作任务的相关数据已发送至摩估云系统中。

任务目标

企业综合数据包括企业证照类资料、企业管理类资料、企业经营类资料,通过上传上述资料,整体了解被评估单位的基本情况,有助于项目小组成员完成现场调查工作以及评定估算工作。

任务涉及岗位

数据采集岗。

任务要求

甄别收到的数据资料,上传到摩估云系统的电子档案库综合数据目录对应的子目录下。

任务实施

步骤1:单击"任务6"按钮,如图1-86所示。

图1-86 进入"任务6"

步骤2：单击"摩估云"按钮，进入摩估云系统，如图1-87所示。

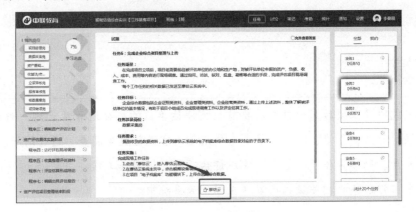

图1-87 进入摩估云系统

步骤3：在摩估云系统主页中，单击"舰鹰设备项目"按钮，如图1-88所示。

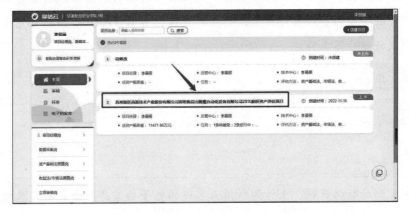

图1-88 单击"舰鹰设备项目"按钮

步骤4：单击"昆山舰鹰自动化设备有限公司"按钮，如图1-89所示。

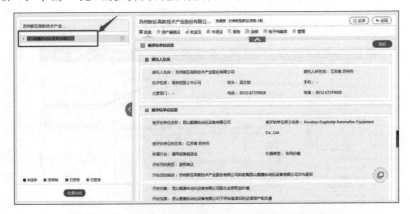

图1-89 单击"昆山舰鹰自动化设备有限公司"按钮

步骤5：进入"电子档案库"功能模块，如图1-90所示。

图1-90 进入"电子档案库"功能模块

步骤6：在"电子档案库"功能模块下上传合适的综合数据，如图1-91所示。

图1-91 "电子档案库"功能模块

步骤7：单击"公司营业执照复印件"按钮，如图1-92所示。

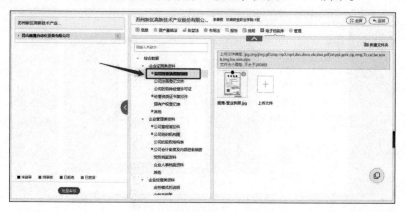

图1-92 单击"公司营业执照复印件"按钮

步骤8：单击"上传文件"按钮，如图1-93所示。

图1-93　单击"上传文件"按钮

步骤9：选择"营业执照"，如图1-94所示。

图1-94　选择"营业执照"

步骤10：单击"确定"按钮，即上传成功，如图1-95所示。

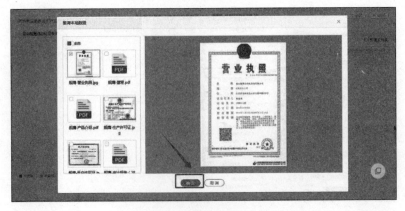

图1-95　单击"确定"按钮

步骤11：其他综合数据上传方法与营业执照相同，如图1-96至图1-99所示。

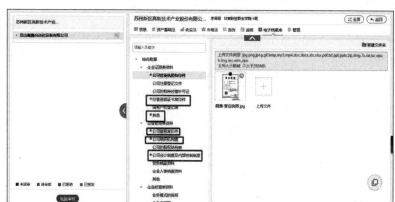

图1-96　其他综合数据上传（1）

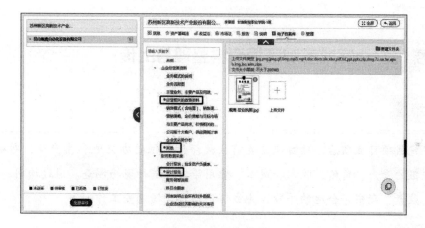

图1-97　其他综合数据上传（2）

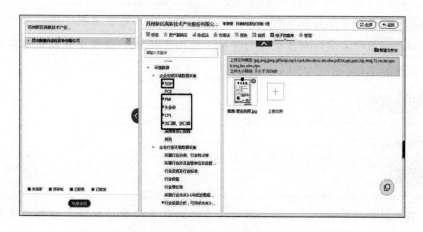

图1-98　其他综合数据上传（3）

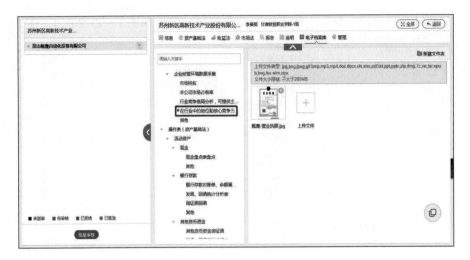

图 1-99　其他综合数据上传（4）

任务 1-7　完成宏观环境资料整理与上传

任务场景

在完成项目立项后，项目组需要前往被评估单位的办公地和生产地，对被评估单位申报的资产、负债、收入、成本、费用等内容进行现场调查。通过询问、访谈、核对、监盘、勘察等合适的手段，完成评估项目现场调查工作。

任务目标

环境数据包括宏观环境资料、行业环境资料、行业发展资料，通过上传上述资料，可以了解被评估单位所在环境的情况，有助于项目小组成员完成现场调查工作以及评定估算工作。

任务涉及岗位

数据采集岗。

任务要求

甄别收到的数据资料，上传到摩估云系统的电子档案库环境数据目录对应的子目录下。

任务实施

步骤1：单击"任务7"按钮，如图1-100所示。

图1-100 进入"任务7"

步骤2：单击"摩估云"按钮，进入摩估云系统，如图1-101所示。

图1-101 进入摩估云系统

步骤3：在摩估云系统主页中单击"舰鹰设备项目"按钮，如图1-102所示。

图1-102　单击"舰鹰设备项目"按钮

步骤4：单击"昆山舰鹰自动化设备有限公司"按钮，如图1-103所示。

图1-103　单击"昆山舰鹰自动化设备有限公司"按钮

步骤5：单击"电子档案库"选项卡，如图1-104所示。

图1-104　单击"电子档案库"选项卡

步骤6：找到环境数据内容，如图1-105所示。

图1-105　环境数据内容

步骤7：上传合适的环境数据，如GDP（国内生产总值），如图1-106所示。

图1-106　上传合适的环境数据

步骤8：单击"GDP"按钮，如图1-107所示。

图1-107　单击"GDP"按钮

步骤9：单击"上传文件"按钮，如图1-108所示。

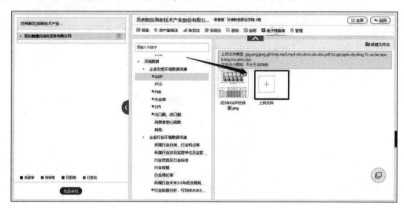

图1-108　单击"上传文件"按钮

步骤10：选择合适的数据资料，如图1-109所示。

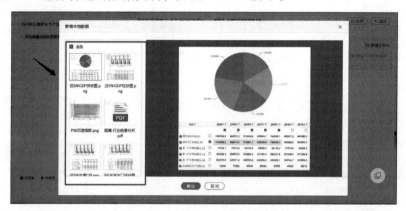

图1-109　选择合适的数据资料

步骤11：单击"确定"按钮，即完成上传，如图1-110所示。

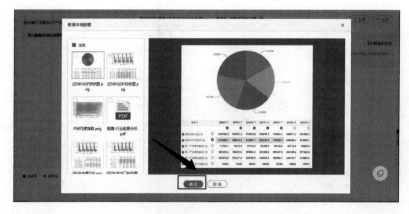

图1-110　完成上传

步骤12：其他数据上传与"GDP"上传方式相同，如图1-111、图1-112所示。

图1-111　其他数据上传（1）

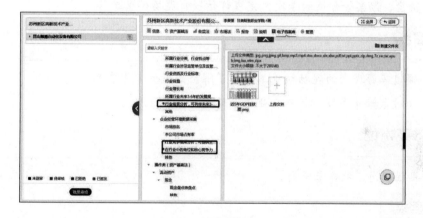

图1-112　其他数据上传（2）

项目 2　进行现场评估调查

任务 2-1　完成库存现金的现场核查工作

任务场景

在完成项目立项后,项目组需要前往被评估单位的办公地和生产地,对被评估单位申报的资产、负债、收入、成本、费用等内容进行现场调查。通过询问、访谈、核对、监盘、勘察等合适的手段,完成评估项目现场调查工作。

任务目标

1. 通过库存现金的现场核查工作,了解企业现金管理情况。
2. 通过监盘等手段,核实企业库存现金的实存金额。

任务涉及岗位

项目经理岗、数据采集岗。

任务要求

1. 项目经理岗在摩估云系统中将全部的库存现金的盘点任务分配给数据采集岗。
2. 数据采集岗在摩估云系统中接受项目经理岗委派的任务,并完成现金盘点任务。

任务实施

分配任务

步骤 1:单击"任务 8"按钮,如图 2-1 所示。

项目2　进行现场评估调查

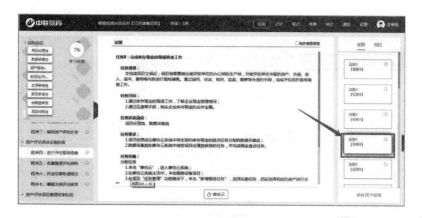

图2-1　进入"任务8"

步骤2：单击"摩估云"按钮，进入摩估云系统，如图2-2所示。

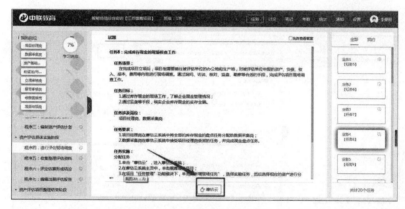

图2-2　进入摩估云系统

步骤3：在摩估云系统主页中单击"舰鹰设备项目"按钮，如图2-3所示。

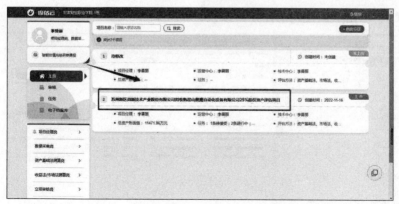

图2-3　单击"舰鹰设备项目"按钮

步骤4：单击"昆山舰鹰自动化设备有限公司"按钮，如图2-4所示。

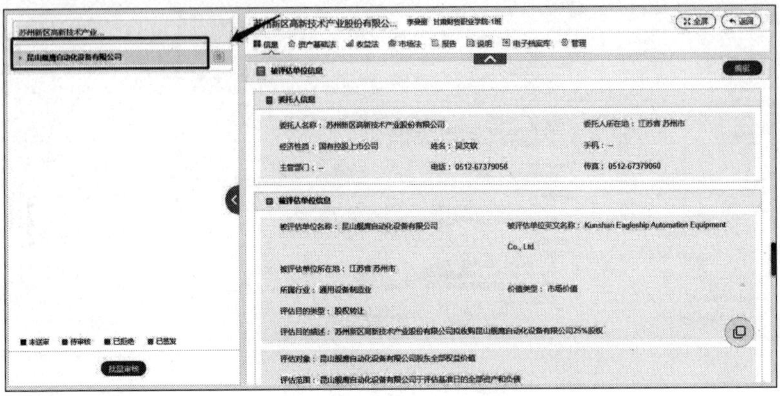

图2-4 单击"昆山舰鹰自动化设备有限公司"按钮

步骤5：单击"管理"选项卡，如图2-5所示。

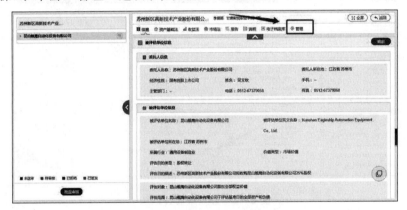

图2-5 单击"管理"选项卡

步骤6：单击"新建现场任务"按钮，如图2-6所示。

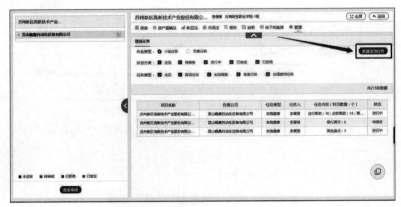

图2-6 单击"新建现场任务"按钮

步骤7：进入"新建现场调查任务"界面，如图2-7所示。

图2-7 进入"新建现场调查任务"界面

步骤8：选择"实物勘察"，如图2-8所示。

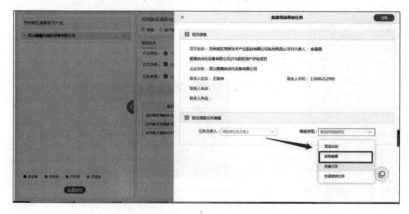

图2-8 选择"实物勘察"

步骤9：选择任务负责人，如图2-9所示。

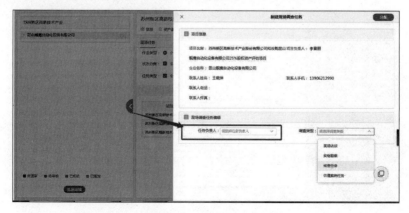

图2-9 选择任务负责人

步骤10：选择相应的资产进行分配，如图2-10所示。

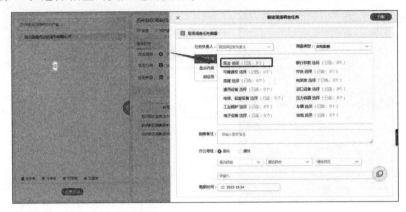

图2-10　选择相应的资产进行分配

步骤11：等待加载，如图2-11所示。

图2-11　等待加载

步骤12：加载完成，如图2-12所示。

步骤13：单击"确定"按钮，如图2-13所示。

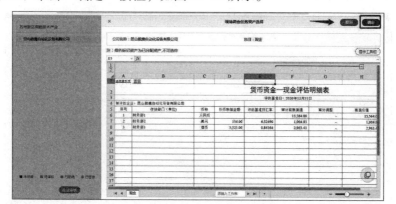

图2-13 单击"确定"按钮

步骤14：单击"分配"按钮，如图2-14所示。

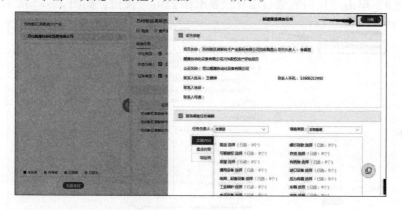

图2-14 单击"分配"按钮

完成现场工作任务

步骤1：单击"摩估云"按钮，进入摩估云系统，如图2-15所示。

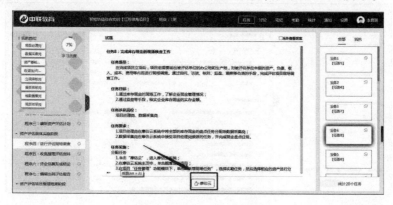

图2-15 进入摩估云系统

步骤2：在摩估云系统主页中单击"舰鹰设备项目"按钮，如图2-16所示。

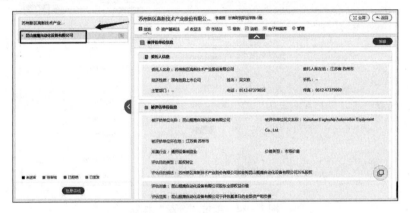

图2-16 单击"舰鹰设备项目"按钮

步骤3：单击"昆山舰鹰自动化设备有限公司"按钮，如图2-17所示。

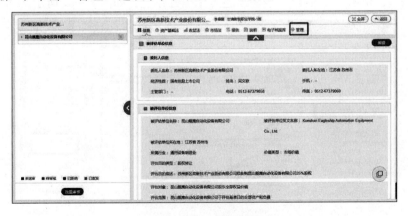

图2-17 单击"昆山舰鹰自动化设备有限公司"按钮

步骤4：单击"管理"选项卡，如图2-18所示。

步骤5：单击"负责任务"按钮，如图2-19所示。

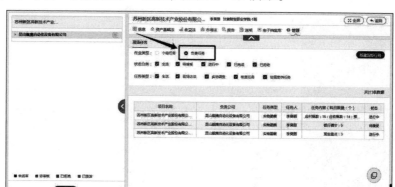

图2-19　单击"负责任务"按钮

步骤6：选择相应的现场任务，如图2-20所示。

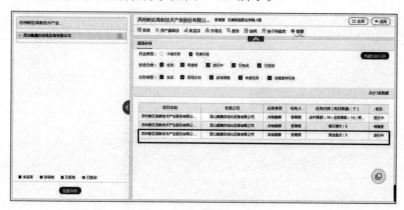

图2-20　选择相应的现场任务

步骤7：进入"现场勘察详情"界面，如图2-21所示。

步骤8：单击"完成并提交任务"按钮，如图2-22所示。

图2-22 单击"完成并提交任务"按钮

步骤9：单击"确认"按钮，如图2-23所示。

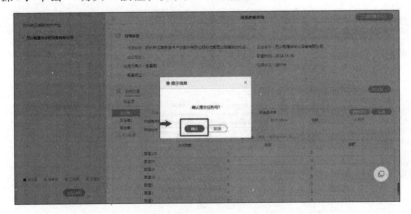

图2-23 单击"确认"按钮

步骤10：完成任务，如图2-24所示。

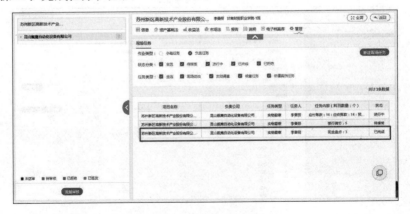

图2-24 完成任务

任务 2-2 完成银行存款的现场核查工作

任务场景

在完成项目立项后,项目组需要前往被评估单位的办公地和生产地,对被评估单位申报的资产、负债、收入、成本、费用等内容进行现场调查。通过询问、访谈、核对、监盘、勘察等合适的手段,完成评估项目现场调查工作。

任务目标

1. 通过银行存款的现场核查工作,了解企业资金管理情况。
2. 通过向银行函证等手段,核实企业银行存款的实存金额。

任务涉及岗位

项目经理岗、数据采集岗。

任务要求

1. 项目经理岗在摩估云系统中将需要进行余额调节的银行账户的银行调节任务分配给数据采集岗。
2. 数据采集岗在摩估云系统中接受项目经理岗委派的任务,并完成银行调节任务。

任务实施

分配任务

步骤1:单击"任务9"按钮,如图2-25所示。

图 2-25 进入"任务9"

步骤2：单击"摩估云"按钮，进入摩估云系统，如图2-26所示。

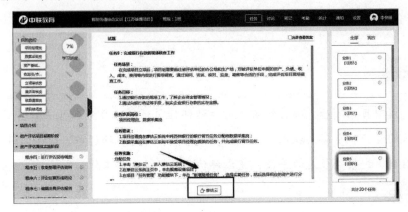

图2-26 进入摩估云系统

步骤3：在摩估云系统主页中单击"舰鹰设备项目"按钮，如图2-27所示。

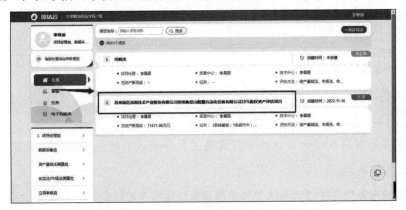

图2-27 单击"舰鹰设备项目"按钮

步骤4：单击"昆山舰鹰自动化设备有限公司"按钮，如图2-28所示。

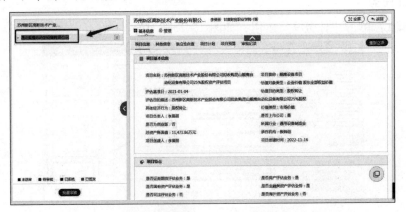

图2-28 单击"昆山舰鹰自动化设备有限公司"按钮

步骤5：单击"管理"选项卡，如图2-29所示。

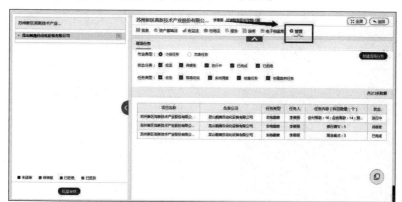

图2-29　单击"管理"选项卡

步骤6：单击"新建现场任务"按钮，如图2-30所示。

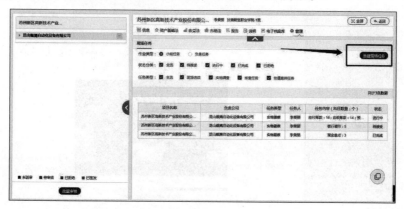

图2-30　单击"新建现场任务"按钮

步骤7：选择"实物勘察"，如图2-31所示。

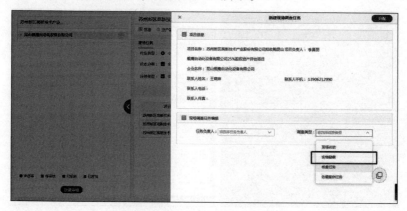

图2-31　选择"实物勘察"

步骤8：选择实勘内容，如图2－32所示。

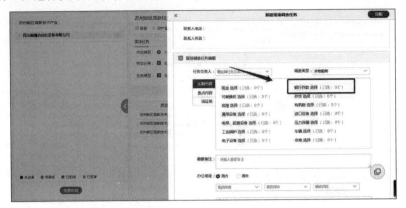

图2－32　选择实勘内容

步骤9：进入"现场调查任务资产选择"界面，如图2－33所示。

图2－33　进入"现场调查任务资产选择"界面

步骤10：单击"确定"按钮，如图2－34所示。

图2－34　单击"确定"按钮

项目2 进行现场评估调查

步骤11：单击"分配"按钮，如图2-35所示。

图2-35 单击"分配"按钮

完成现场工作任务

步骤1：单击"摩估云"按钮，进入摩估云系统，如图2-36所示。

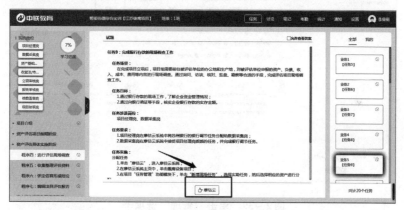

图2-36 进入摩估云系统

步骤2：在摩估云系统主页中单击"舰鹰设备项目"按钮，如图2-37所示。

图2-37 单击"舰鹰设备项目"按钮

63

步骤3：单击"昆山舰鹰自动化设备有限公司"按钮，如图2-38所示。

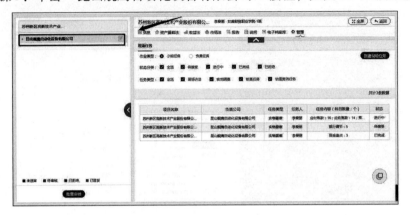

图2-38　单击"昆山舰鹰自动化设备有限公司"按钮

步骤4：单击"管理"选项卡，如图2-39所示。

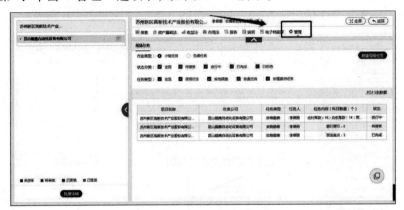

图2-39　单击"管理"选项卡

步骤5：单击"负责任务"按钮，如图2-40所示。

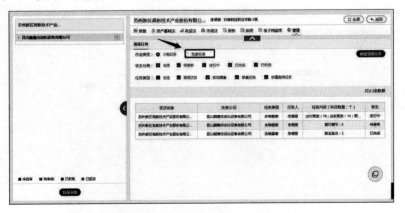

图2-40　单击"负责任务"按钮

步骤6：选择相应的现场任务，如图2-41所示。

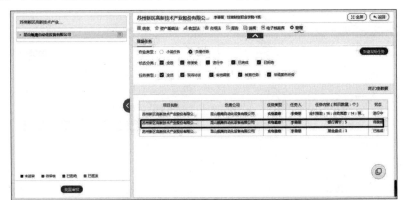

图2-41　选择相应的现场任务

步骤7：查看后单击"接受"按钮，如图2-42所示。

图2-42　单击"接受"按钮

步骤8：单击"完成并提交任务"按钮，如图2-43所示。

图2-43　单击"完成并提交任务"按钮

步骤9：完成任务，如图2-44所示。

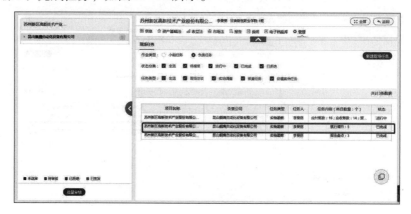

图2-44 完成任务

任务2-3 完成六个往来账款科目的现场核查工作

任务场景

在完成项目立项后，项目组需要前往被评估单位的办公地和生产地，对被评估单位申报的资产、负债、收入、成本、费用等内容进行现场调查。通过询问、访谈、核对、监盘、勘察等合适的手段，完成评估项目现场调查工作。

任务目标

1. 通过往来账款的现场核查工作，了解企业债权债务情况。
2. 通过向债权人和债务人函证等手段，核实企业往来账款的存在性与真实性。

任务涉及岗位

项目经理岗、数据采集岗。

任务要求

1. 项目经理岗按照债权债务金额从大到小的顺序且函证金额不低于扣减坏账准备前账面价值的70%金额的函证要求，在摩估云系统中分配询证函任务给数据采集岗。

2. 数据采集岗在摩估云系统中接受项目经理岗委派的任务,并完成询证函校对任务。

任务实施

分配任务

步骤1:单击"任务10"按钮,如图2-45所示。

图2-45 进入"任务10"

步骤2:单击"摩估云"按钮,进入摩估云系统,如图2-46所示。

图2-46 进入摩估云系统

步骤3:在摩估云系统主页中单击"舰鹰设备项目"按钮,如图2-47所示。

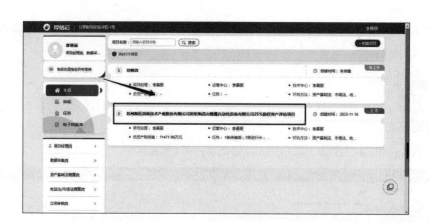

图 2-47　单击"舰鹰设备项目"按钮

步骤4：单击"昆山舰鹰自动化设备有限公司"按钮，如图 2-48 所示。

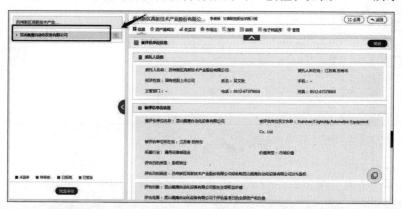

图 2-48　单击"昆山舰鹰自动化设备有限公司"按钮

步骤5：单击"管理"选项卡，如图 2-49 所示。

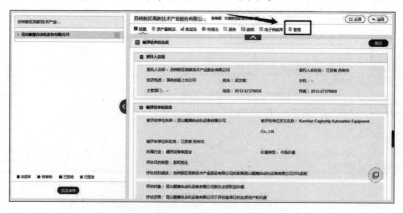

图 2-49　单击"管理"选项卡

步骤6：单击"新建现场任务"按钮，如图2-50所示。

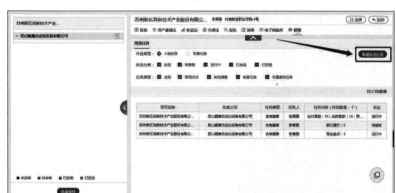

图2-50 单击"新建现场任务"按钮

步骤7：进入"新建现场调查任务"界面，如图2-51所示。

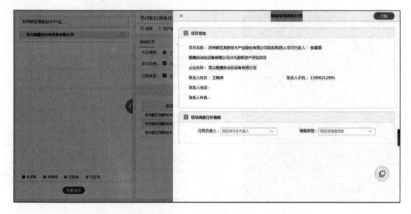

图2-51 进入"新建现场调查任务"界面

步骤8：选择"实物勘察"，如图2-52所示。

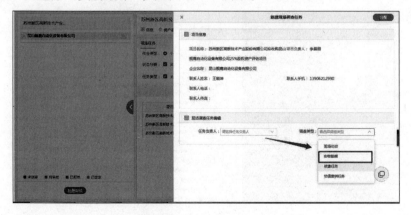

图2-52 选择"实物勘察"

步骤9：选择任务负责人，如图2-53所示。

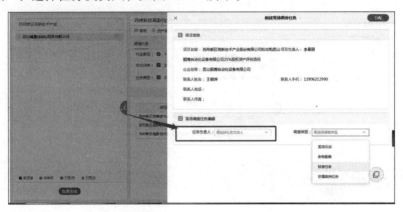

图2-53 选择任务负责人

步骤10：选择相应的资产进行分配，如图2-54所示。

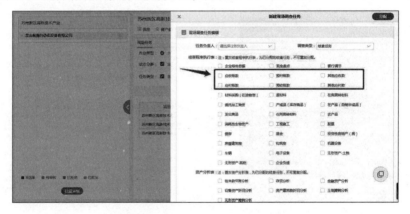

图2-54 选择相应的资产进行分配

步骤11：单击"分配"按钮，如图2-55所示。

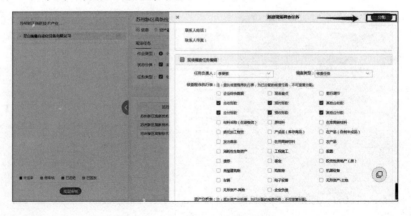

图2-55 单击"分配"按钮

步骤12：单击"确认分配"按钮，如图2-56所示。

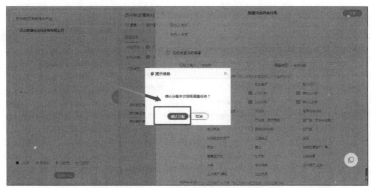

图2-56　单击"确认分配"按钮

完成现场工作任务

步骤1：单击"摩估云"按钮，进入摩估云系统，如图2-57所示。

图2-57　进入摩估云系统

步骤2：在摩估云系统主页中单击"舰鹰设备项目"按钮，如图2-58所示。

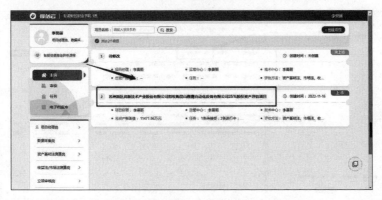

图2-58　单击"舰鹰设备项目"按钮

步骤3：单击"昆山舰鹰自动化设备有限公司"按钮，如图2-59所示。

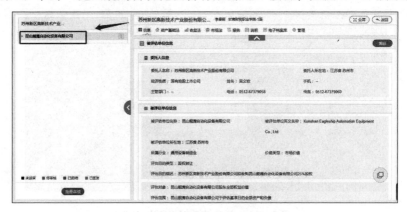

图2-59　单击"昆山舰鹰自动化设备有限公司"按钮

步骤4：单击"管理"选项卡，如图2-60所示。

图2-60　单击"管理"选项卡

步骤5：单击"负责任务"按钮，如图2-61所示。

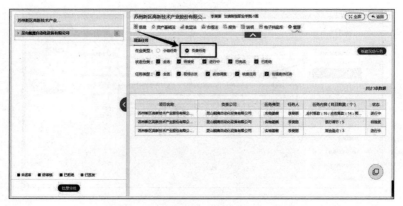

图2-61　单击"负责任务"按钮

步骤6：选择相应的现场任务，如图2-62所示。

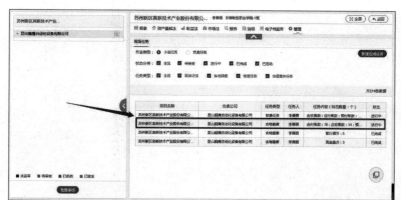

图2-62　选择相应的现场任务

步骤7：进入"现场勘察详情"界面，如图2-63所示。

图2-63　进入"现场勘察详情"界面

步骤8：单击"完成并提交任务"按钮，如图2-64所示。

图2-64　单击"完成并提交任务"按钮

步骤9：单击"确认"按钮，如图2-65所示。

图2-65 单击"确认"按钮

步骤10：完成任务，如图2-66所示。

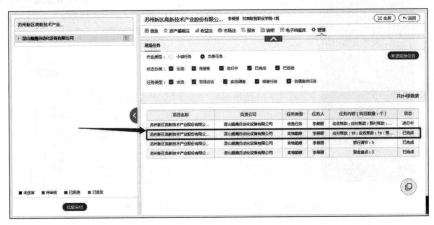

图2-66 完成任务

任务2-4 完成存货的现场核查工作

任务场景

在完成项目立项后，项目组需要前往被评估单位的办公地和生产地，对被评估单位申报的资产、负债、收入、成本、费用等内容进行现场调查。通过询问、访谈、核对、监盘、勘察等合适的手段，完成评估项目现场调查工作。

任务目标

1. 通过存货的现场核查工作，了解企业存货的实物状况、法律权属状况和企业对存货的管理情况。

2. 通过监盘等手段，核实企业存款的存在性与真实性。

任务涉及岗位

项目经理岗、数据采集岗。

任务要求

1. 项目经理岗在摩估云系统中将产成品明细表中前23项产成品的存货盘点任务分配给数据采集岗。

2. 数据采集岗在摩估云系统中接受项目经理岗委派的任务，并完成存货盘点任务。

任务实施

分配任务

步骤1：单击"摩估云"按钮，进入摩估云系统；在摩估云系统主页中单击"舰鹰设备项目"按钮；在项目"管理"功能模块下单击"新建现场任务"按钮，如图2-67所示。

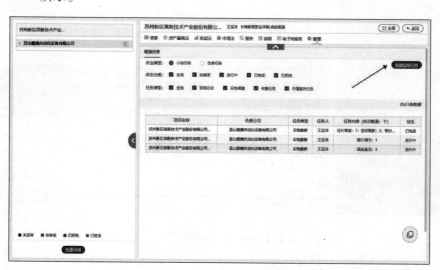

图2-67 新建现场任务

步骤2：选择任务负责人（本人），调查类型选择"实物勘察"，继续选择"存货"，进入存货科目资产选择，如图2-68所示。

图2-68 进入存货科目资产选择

步骤3：将原材料账面价值70%（按单价由高到低）、全部产成品、全部在产品右击选中，单击"确定"按钮，如图2-69所示。

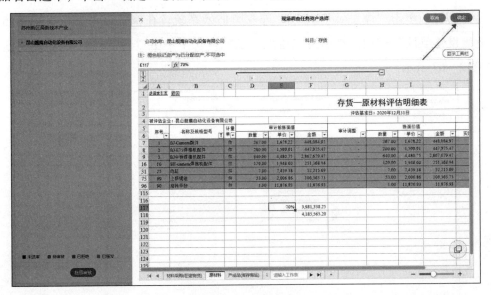

图2-69 选中目标存货

步骤4：进行任务的分配，如图2-70所示。

项目2 进行现场评估调查

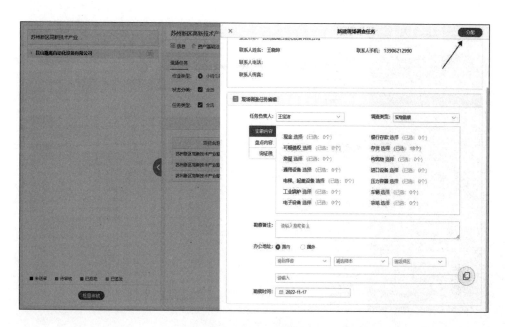

图 2-70 分配任务

步骤5：选择负责任务-存货盘点任务，接受该任务，操作过程如图2-71所示。

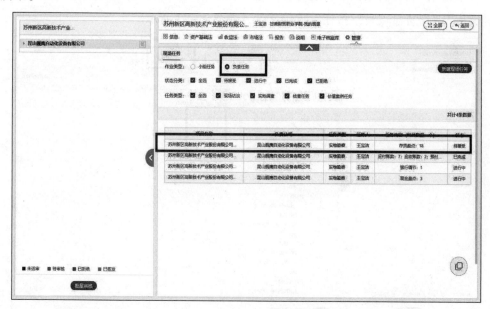

图 2-71 接受任务

步骤6：出现"完成并提交任务"说明任务已接受，如图2-72所示。

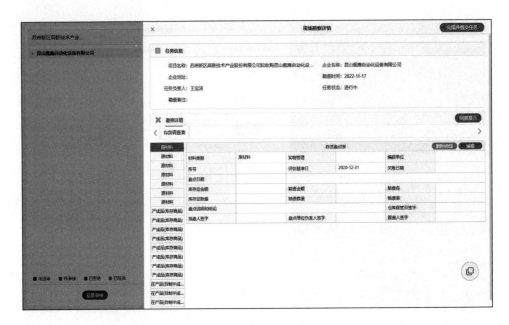

图 2-72　任务已接受界面

完成任务

步骤1：将存货相关资料上传至"电子档案库"相关目录下，依次单击"电子档案库""存货盘点表"按钮，上传文件，如图 2-73 所示。

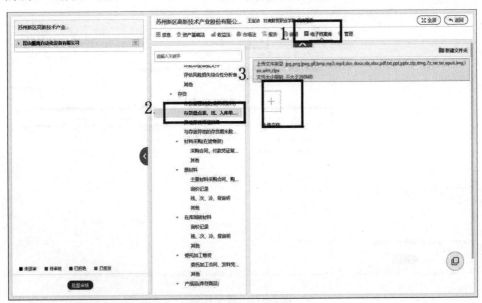

图 2-73　电子档案库界面

步骤2：全部上传成功后，结果如图 2-74 所示。

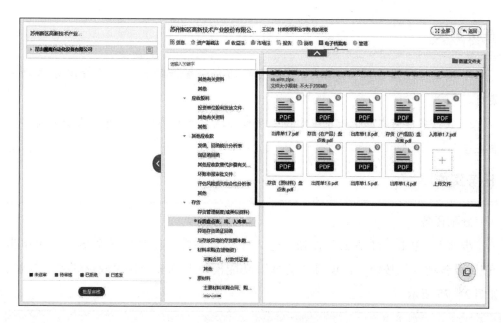

图 2-74 上传完成界面

步骤 3：根据电子档案库里的文件，对"勘察详情 – 存货盘点表"进行编辑，编辑结束后，单击"保存明细"按钮→"完成并提交任务"按钮，则任务完成。

任务 2-5　完成金融资产的现场核查工作

任务场景

在完成项目立项后，项目组需要前往被评估单位的办公地和生产地，对被评估单位申报的资产、负债、收入、成本、费用等内容进行现场调查。通过询问、访谈、核对、监盘、勘察等合适的手段，完成评估项目现场调查工作。

任务目标

1. 通过金融资产的现场核查工作，了解企业金融资产的法律权属状况以及企业对金融资产的管理情况。
2. 通过监盘等手段，核实企业金融资产的存在性与真实性。

任务涉及岗位

项目经理岗、数据采集岗。

任务要求

1. 项目经理岗在摩估云系统中将全部的金融资产的盘点任务分配给数据采集岗。

2. 数据采集岗在摩估云系统中接受项目经理岗委派的任务,并完成金融资产盘点任务。

任务实施

分配任务

步骤1:单击"摩估云"按钮,进入摩估云系统;在摩估云系统主页中单击"舰鹰设备项目"按钮;在项目"管理"功能模块下单击"新建现场任务"按钮,如图2-75所示。

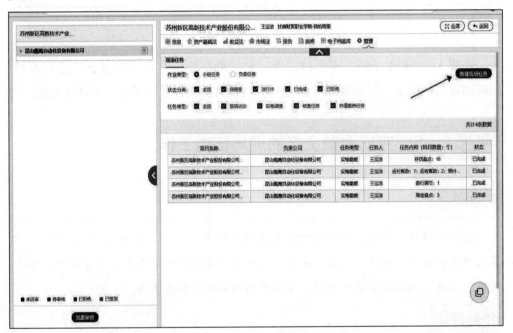

图 2-75 新建现场任务

步骤2:选择任务负责人(本人),调查类型选择"实物勘察",继续选择"盘点内容-金融资产",进入金融资产选择,结果如图2-76所示。

图 2-76 进入金融资产明细表

步骤3：将题干中要求的全部金融资产选中，对选中结果进行确定，如图2-77所示。

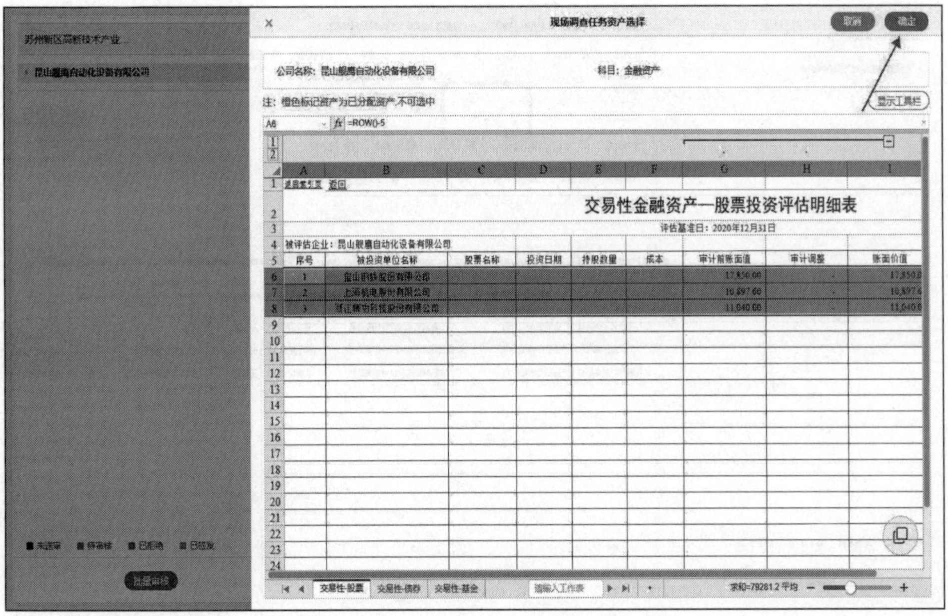

图 2-77 选中目标金融资产

步骤4：进行任务的分配，如图2-78所示。

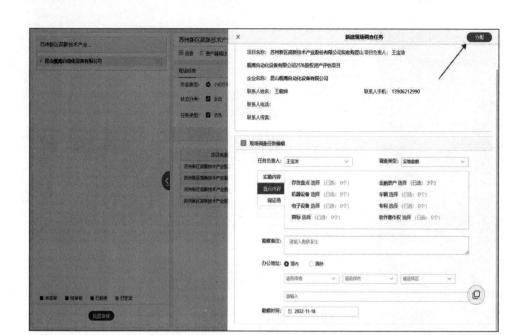

图 2-78 分配任务

步骤5：选择负责任务-盘点金融性资产任务，接受该任务，操作过程如图 2-79 所示。

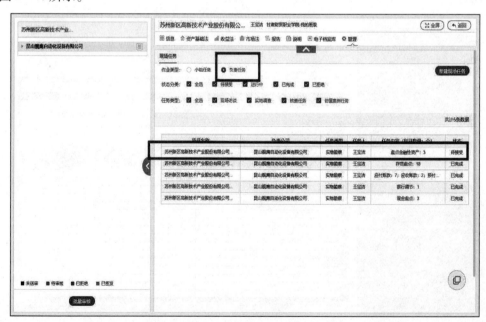

图 2-79 接受任务

步骤6：出现"完成并提交任务"说明任务已接受，操作结果如图 2-80 所示。

项目2　进行现场评估调查

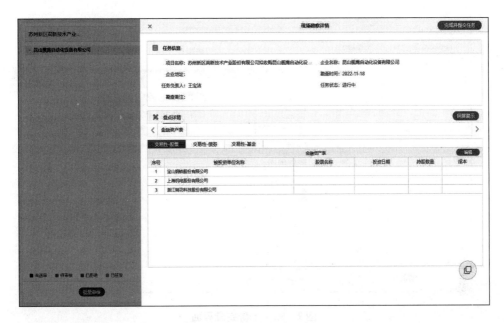

图2-80　任务已接受界面

完成任务

步骤1：将金融资产相关资料上传至"电子档案库"相关目录下，按照顺序单击"电子档案库""交易性金融资产-其他""上传文件"按钮，如图2-81所示。

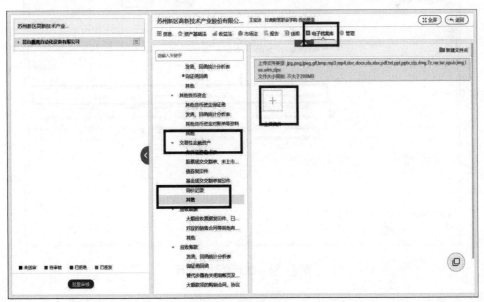

图2-81　电子档案库界面

步骤2：全部上传成功后，上传任务即完成，结果如图2-82所示。

图 2-82 上传完成界面

步骤 3：返回"管理 - 负责任务"模块，单击"盘点金融性资产"按钮，如图 2-83 所示。

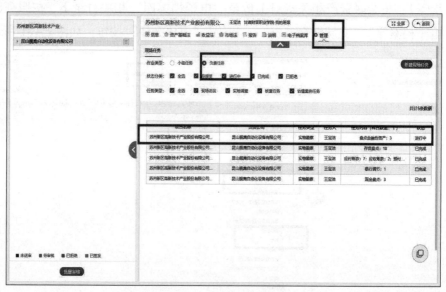

图 2-83 盘点金融性资产

步骤 4：对"金融资产表"进行编辑，编辑数据来自同屏显示的"电子档案库"数据，过程如图 2-84 所示。

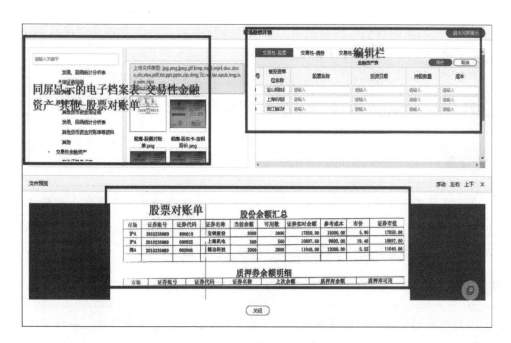

图 2-84 编辑金融资产表

注意：在填写各只股票的"投资日期"时，应参考企业持有该股权的"股权持有卡"，同时，日期的输入格式应为"20××-××-××"，其他输入格式错误，如图 2-85 所示。

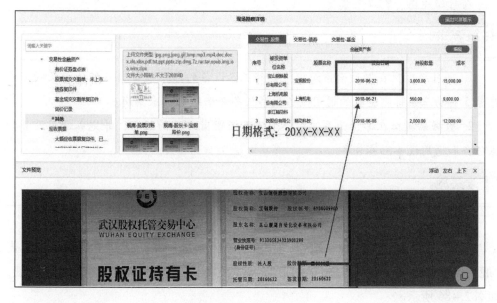

图 2-85 日期输入格式

步骤5：编辑完成后，保存数据，单击"完成并提交任务"按钮，确认提交，则任务完成。

任务2-6　完成机器设备的现场核查工作

任务场景

在完成项目立项后，项目组需要前往被评估单位的办公地和生产地，对被评估单位申报的资产、负债、收入、成本、费用等内容进行现场调查。通过询问、访谈、核对、监盘、勘察等合适的手段，完成评估项目现场调查工作。

任务目标

1. 通过机器设备的现场核查工作，了解企业机器设备的实物情况、存放环境和法律权属状况以及企业对机器设备管理的情况。

2. 通过重点勘察、抽样盘点等手段，核实企业机器设备的存在性与真实性。

任务涉及岗位

项目经理岗、数据采集岗。

任务要求

1. 项目经理岗在摩估云系统中将全部机器设备的通用设备盘点任务以及明细表序号5自动三坐标测量机的通用设备勘察任务分配给数据采集岗。

2. 数据采集岗在摩估云系统中接受项目经理岗委派的任务，并完成通用设备盘点任务和通用设备勘察任务。

任务实施

分配任务

步骤1：单击"摩估云"按钮，进入摩估云系统；在摩估云系统主页中单击"舰鹰设备项目"按钮；在项目"管理"功能模块下单击"新建现场任务"按钮，如图2-86所示。

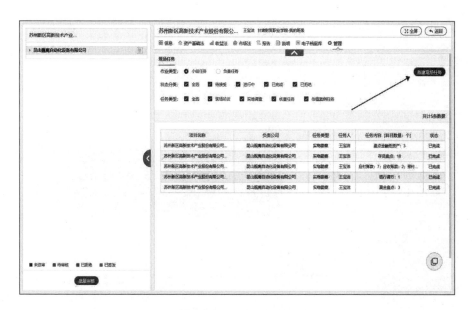

图 2-86 新建现场任务

步骤2：选择任务负责人（本人），调查类型选择"实物勘察"，单击"实勘内容-通用设备"按钮，对明细表序号5自动三坐标测量机进行"确认选中-确定"操作，如图2-87所示。

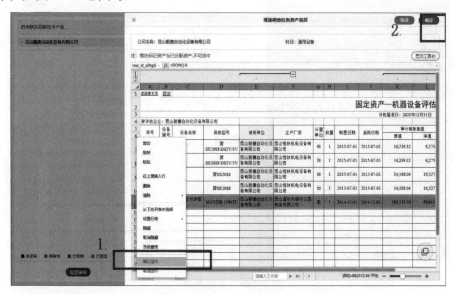

图 2-87 进入机器设备评估明细表

步骤3：单击"盘点任务-机器设备"按钮，对全部机器设备进行"确认选中-确定"操作，如图2-88所示。

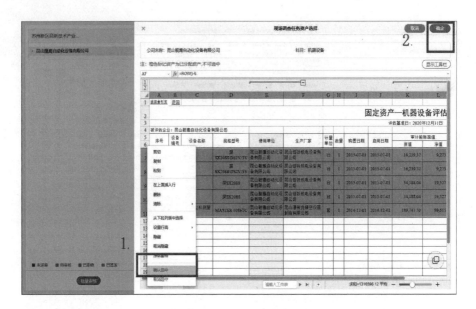

图 2-88 选中目标设备

步骤 4：对办公地址、勘察时间进行填写后，进行任务的分配，如图 2-89 所示。

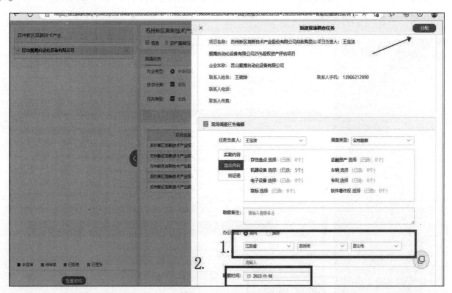

图 2-89 分配任务

步骤 5：选择负责任务 - 机器设备的勘察和盘点任务，接受该任务，操作过程如图 2-90 所示。

项目2 进行现场评估调查

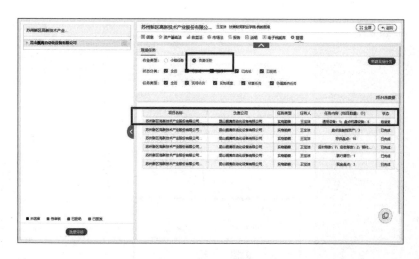

图2-90 选中任务进行接受

步骤6：进入现场勘察详情页面，单击右上角"接受"按钮，出现"完成并提交任务"说明任务已接受，界面如图2-91所示。

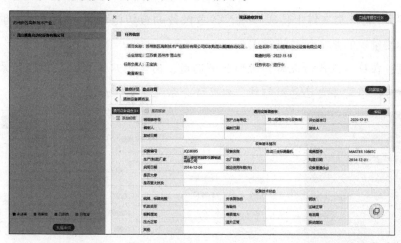

图2-91 任务已接受界面

完成任务

步骤1：对"勘察详情-通用设备调查表"进行编辑，首先在编辑页面最底部，根据本地数据，依次上传"各类主要设备、案例用设备合同购置发票、主要技术参数、说明书""盘点表""现场勘察记录"等文件。

注意：勘察详情-通用设备调查表针对"三坐标测量机"，因此在上传购置合同发票、现场勘察记录时只上传"三坐标测量机"的信息，盘点表上传全部设备的信息，结果如图2-92所示。

89

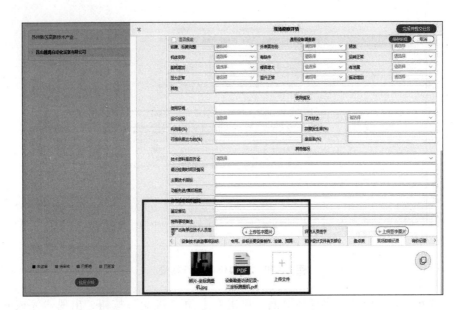

图 2-92 上传所需文件

步骤2：将三类文件上传完毕后，参考设备勘查访谈记录-三坐标测量机.pdf对三坐标测量机的基本信息进行填写。

注意：在填写设备情况时，遇到非限选题，同学们只需将勘察访谈记录中的内容填入即可，不需要自己总结归纳，以防评分系统误判，如图2-93所示。

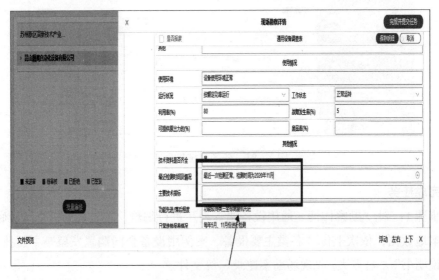

图 2-93 编辑勘察详情

步骤3：对"盘点详情-机器设备表"进行编辑，填入信息来自"固定资产（机器设备）盘点表.pdf"，同屏显示"电子档案库-固定资产（机器设备）盘点表"，对"盘点详情-机器设备表"进行填写，如图2-94所示。

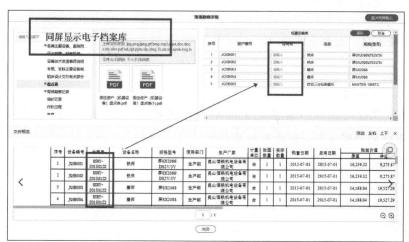

图2-94 编辑盘点详情

注意：由于在"勘察详情"环节上传的盘点表无法在"盘点详情"环节同时查看，所以需要同学们同屏显示电子档案库（电子档案库中的资料是与勘察环节中上传的资料同步更新的，即勘察详情环节上传资料后，电子档案库资料同时自动上传），以便盘点环节的资料查看和填写。

步骤4：编辑完成后，保存数据，单击"完成并提交任务"按钮，确认提交，则任务完成。

任务2-7 完成车辆的现场核查工作

任务场景

在完成项目立项后，项目组需要前往被评估单位的办公地和生产地，对被评估单位申报的资产、负债、收入、成本、费用等内容进行现场调查。通过询问、访谈、核对、监盘、勘察等合适的手段，完成评估项目现场调查工作。

任务目标

1. 通过车辆的现场核查工作，了解企业车辆的实物情况和法律权属状况以及企业对车辆管理的情况。

2. 通过重点勘察、抽样盘点等手段，核实企业车辆的存在性与真实性。

任务涉及岗位

项目经理岗、数据采集岗。

任务要求

1. 项目经理岗在摩估云系统中将全部车辆的盘点任务以及明细表序号1苏E549E3车辆的勘察任务分配给数据采集岗。

2. 数据采集岗在摩估云系统中接受项目经理岗委派的任务，并完成车辆盘点任务和车辆勘察任务。

任务实施

分配任务

步骤1：单击"摩估云"按钮，进入摩估云系统；在摩估云系统主页中单击"舰鹰设备项目"按钮；在项目"管理"功能模块下单击"新建现场任务"按钮，如图2-95所示。

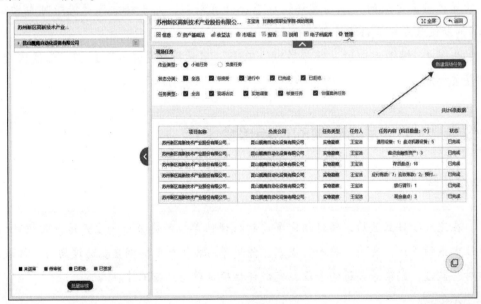

图2-95 新建现场任务

步骤2：任务负责人选择"本人"，调查类型选择"实物勘察"。根据题干可知：本次任务分为勘察和盘点两项。单击"实勘内容-车辆"按钮，对明细表序号1苏E549E3车辆的勘察进行"确认选中-确定"操作，如图2-96所示。

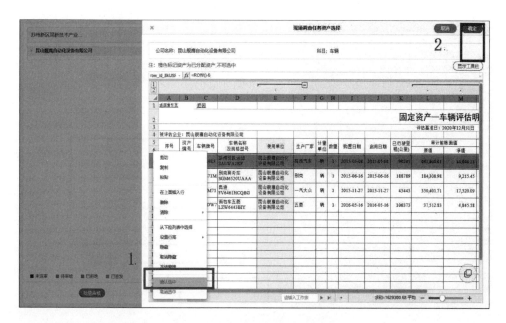

图 2-96　进入车辆评估明细表

步骤 3：单击"盘点任务 - 车辆"按钮，对全部车辆进行"确认选中 - 确定"操作，如图 2-97 所示。

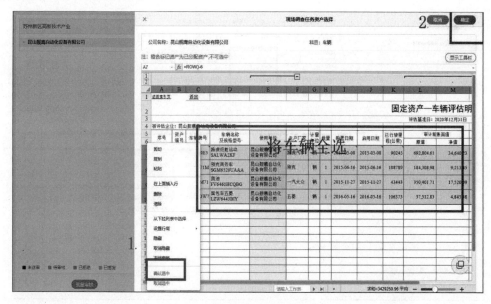

图 2-97　选中目标车辆

步骤 4：对办公地址、勘察时间进行填写后，进行任务的分配，如图 2-98 所示。

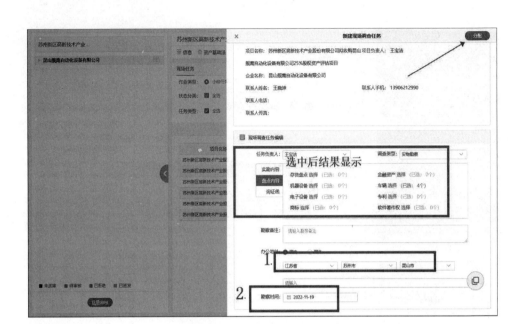

图 2-98 分配任务

步骤5：选择负责任务-车辆的勘察和盘点任务，接受该任务，操作过程如图 2-99 所示。

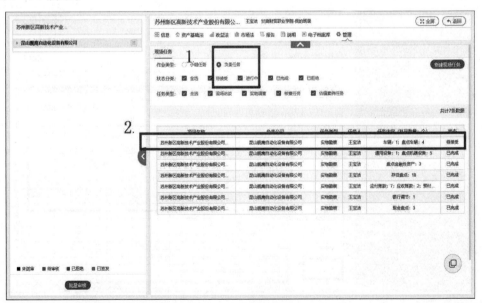

图 2-99 选中任务进行接受

步骤6：进入现场勘察详情页面，单击右上角"接受"按钮，出现"完成并提交任务"说明任务已接受，操作结果如图 2-100 所示。

项目2 进行现场评估调查

图2-100 任务已接受界面

完成任务

步骤1：对"勘察详情-通用设备调查表"进行编辑，首先在编辑页面最底部，根据本地数据，依次上传"各车辆行驶证复印件""现场勘察记录""盘点表"等文件。

注意："勘察详情-车辆调查表"只针对"车辆苏E549E3"，因此在上传车辆行驶证复印件和现场勘察记录时只上传"车辆苏E549E3"的信息，盘点表上传全部车辆的信息，结果如图2-101所示。

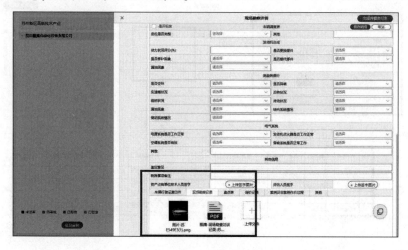

图2-101 上传所需文件

步骤2：将三类文件上传完毕后，参考舰鹰-现场勘查访谈记录-苏E549E3.pdf对车辆苏E549E3的基本信息进行填写，然后单击"保存明细"按钮。

注意：在填写设备情况时，遇到非限选题，同学们只需将勘察访谈记录中的内容填入即可，不需要自己总结归纳，以防评分系统误判，如图2-102所示。

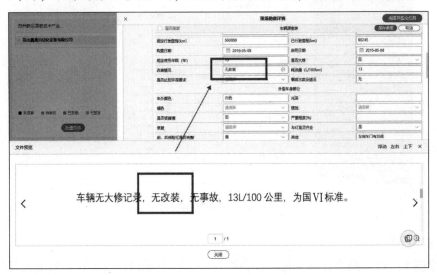

图2-102　编辑勘察详情

步骤3：对"盘点详情-车辆表"进行编辑，填入信息来自"舰鹰-车辆盘点表.pdf"，同屏显示"电子档案库-车辆盘点表.pdf"，对"盘点详情-车辆表"进行填写，如图2-103所示。

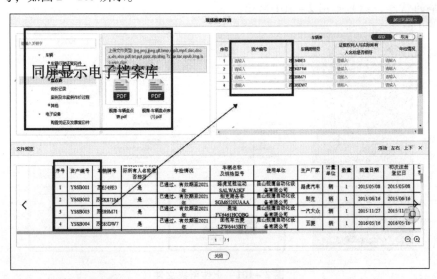

图2-103　编辑盘点详情

注意：由于在"勘察详情"环节上传的盘点表无法在"盘点详情"环节同时查看，所以需要同学们同屏显示电子档案库（电子档案库中的资料是与勘察环节中上传的资料同步更新的,即勘察详情环节上传资料后,电子档案库资料同时自动上传),以便盘点环节的资料查看和填写。

步骤4:编辑完成后,保存数据,单击"完成并提交任务"按钮,确认提交,则任务完成。

任务2-8 完成电子设备的现场核查工作

任务场景

在完成项目立项后,项目组需要前往被评估单位的办公地和生产地,对被评估单位申报的资产、负债、收入、成本、费用等内容进行现场调查。通过询问、访谈、核对、监盘、勘察等合适的手段,完成评估项目现场调查工作。

任务目标

1. 通过电子设备的现场核查工作,了解企业电子设备的实物情况、存放环境和法律权属状况以及企业对电子设备管理的情况。

2. 通过重点勘察、抽样盘点等手段,核实企业电子设备的存在性与真实性。

任务涉及岗位

项目经理岗、数据采集岗。

任务要求

1. 项目经理岗在摩估云系统中将全部电子设备的电子设备盘点任务以及明细表序号1监控系统的电子设备勘察任务分配给数据采集岗。

2. 数据采集岗在摩估云系统中接受项目经理岗委派的任务,并完成电子设备盘点任务和电子设备勘察任务。

任务实施

分配任务

步骤1:单击"摩估云"按钮,进入摩估云系统;在摩估云系统主页中单击"舰鹰设备项目"按钮;在项目"管理"功能模块下单击"新建现场任务"按钮,选择实勘任务,然后选择相应的资产进行分配,如图2-104所示。

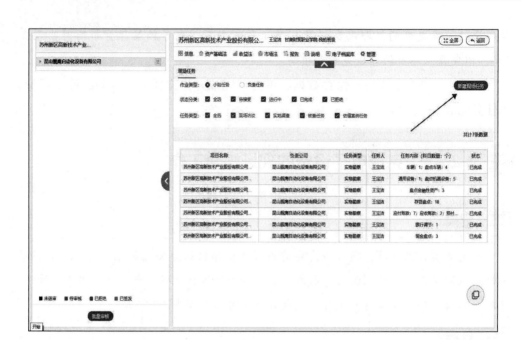

图 2-104 新建现场任务

步骤 2：任务负责人选择"本人"，调查类型选择"实物勘察"。根据题干可知：本次任务分为勘察和盘点两项。单击"实勘内容-电子设备"按钮，对明细表序号 50DELL 工作站的电子设备进行"确认选中-确定"操作，如图 2-105 所示。

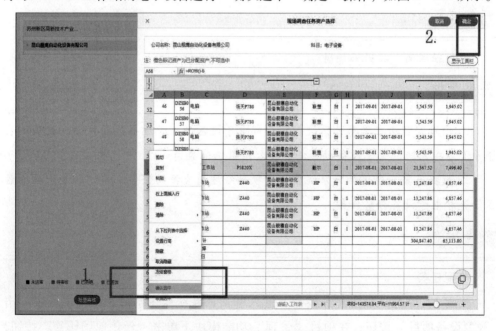

图 2-105 进入电子设备明细表

步骤3：单击"盘点任务－电子设备"按钮，对全部电子设备进行"确认选中－确定"操作，如图2－106所示。

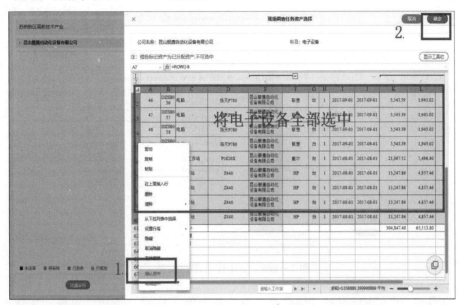

图2－106　选中目标电子设备

步骤4：对办公地址、勘察时间进行填写后，进行任务的分配，如图2－107所示。

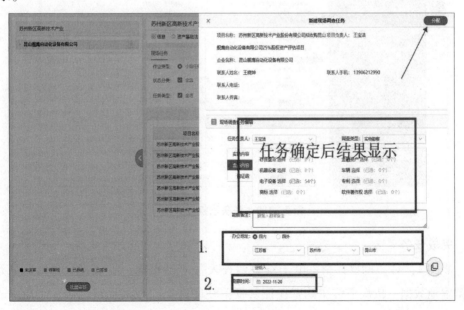

图2－107　分配任务

步骤5：选择负责任务-电子设备的勘察和盘点任务，接受该任务，操作过程如图2-108所示。

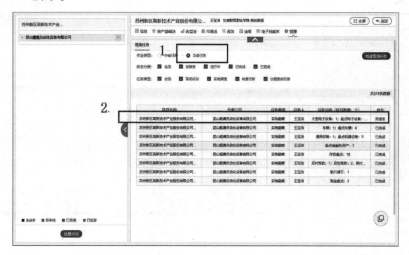

图2-108 选中任务进行接受

步骤6：进入现场勘察详情页面，单击右上角"接受"按钮，出现"完成并提交任务"说明任务已接受，操作结果如图2-109所示。

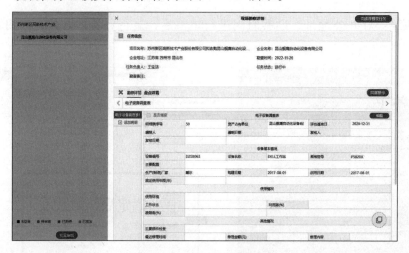

图2-109 任务已接受界面

完成任务

步骤1：对"勘察详情-电子设备调查表"进行编辑，首先将页面滑到底部，根据本地数据，依次上传"购置凭证及发票复印件""现场勘察记录""盘点表"等文件。

注意："勘察详情-电子设备调查表"只针对"电子设备50DELL工作站"，因此在上传购置凭证及发票复印件和现场勘察记录时只上传"电子设备50DELL工作站"的信息，盘点表上传全部电子设备的信息，结果如图2-110所示。

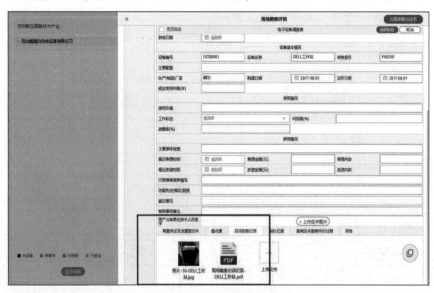

图2-110　上传所需文件

步骤2：将三类文件上传完毕后，参考现场勘查访谈记录-DELL工作站.pdf对电子设备50DELL工作站的基本信息进行填写，填写完成后单击"保存明细"按钮。

注意：在填写设备情况时，遇到非限选题，同学们只需将勘察访谈记录中的内容填入即可，不需要自己总结归纳，以防评分系统误判，如图2-111所示。

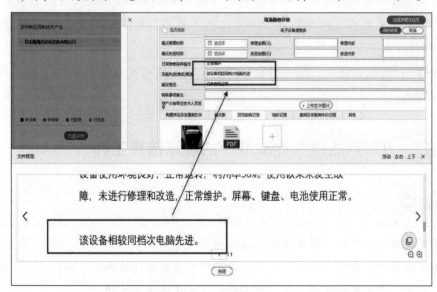

图2-111　编辑勘察详情

步骤3：对"盘点详情－电子设备表"进行编辑，填入信息来自"盘点表－电子设备.pdf"，同屏显示"电子档案库－盘点表－电子设备.pdf"，对"盘点详情－电子设备表"进行填写，如图2－112所示。

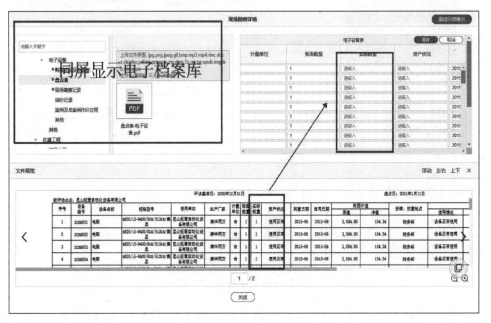

图2－112　编辑盘点详情

注意：由于在"勘察详情"环节上传的盘点表无法在"盘点详情"环节同时查看，所以需要同学们同屏显示电子档案库（电子档案库中的资料是与勘察环节中上传的资料同步更新的，即勘察详情环节上传资料后，电子档案库资料同时自动上传），以便盘点环节的资料查看和填写。

步骤4：编辑完成后，保存数据，单击"完成并提交任务"按钮，确认提交，则任务完成。

任务2-9　完成投资性房地产的现场核查工作

任务场景

在完成项目立项后，项目组需要前往被评估单位的办公地和生产地，对被评估单位申报的资产、负债、收入、成本、费用等内容进行现场调查。通过询问、访谈、核对、监盘、勘察等合适的手段，完成评估项目现场调查工作。

任务目标

1. 通过投资性房地产的现场核查工作,了解企业投资性房地产的实物情况、区位环境和法律权属状况以及企业对投资性房地产管理的情况。

2. 通过重点勘察等手段,核实企业投资性房地产的存在性与真实性。

任务涉及岗位

项目经理岗、数据采集岗。

任务要求

1. 项目经理岗在摩估云系统中将明细表序号 1 嘉亭菁苑住宅的房屋勘察任务(投)分配给数据采集岗。

2. 数据采集岗在摩估云系统中接受项目经理岗委派的任务,并完成房屋勘察任务(投)。

任务实施

分配任务

步骤 1:单击"摩估云"按钮,进入摩估云系统;在摩估云系统主页中单击"舰鹰设备项目"按钮;在项目"管理"功能模块下单击"新建现场任务"按钮,如图 2-113 所示。

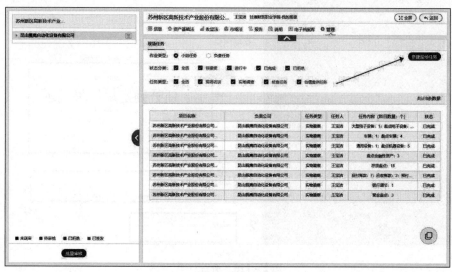

图 2-113 新建现场任务

步骤2：任务负责人选择"本人"，调查类型选择"实物勘察"。根据题干可知：本次任务只有勘察一项。单击"实勘内容-房屋"按钮，对明细表序号1嘉亭菁苑住宅的房屋进行"确认选中-确定"操作，如图2-114所示。

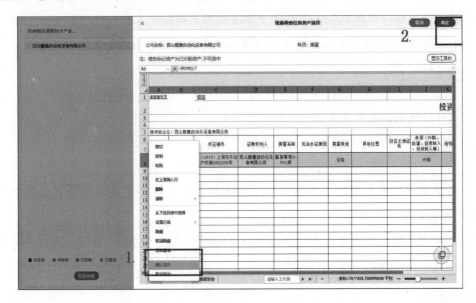

图2-114 进入房产明细表-选中目标房产

步骤3：对办公地址、勘察时间进行填写后，进行任务的分配，如图2-115所示。

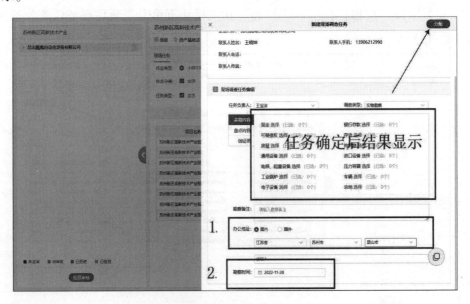

图2-115 分配任务

步骤4：选择负责任务-房屋的勘察和盘点任务，接受该任务，操作过程如图2-116所示。

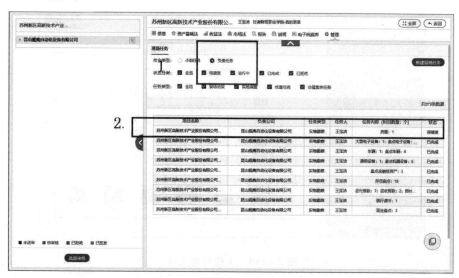

图2-116 选中任务进行接受

步骤5：进入现场勘察详情页面，单击右上角"接受"按钮，出现"完成并提交任务"说明任务已接受，操作结果如图2-117所示。

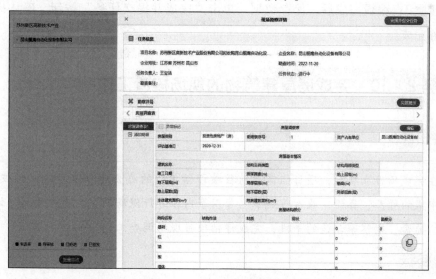

图2-117 任务已接受界面

完成任务

步骤1：对"勘察详情-房屋调查表"进行编辑，首先将页面滑到底部，根据本地数据，依次上传"房屋产权证（及证明）""现场勘察表""盘点表"等文件。

注意:"勘察详情-房屋调查表"只针对"嘉亭菁苑住宅",因此各栏目只上传"嘉亭菁苑住宅"的信息,结果如图2-118所示。

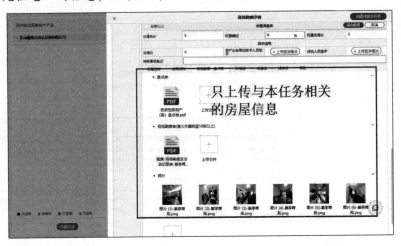

图 2-118　上传所需文件

步骤2:将各类文件上传完毕后,参考房产证-嘉亭菁苑.jpg、投资性房地产(房)盘点表.pdf、舰鹰-现场勘查及访谈记录表-嘉亭菁苑.pdf等对房屋嘉亭菁苑的基本信息进行填写,填写完成后单击"保存明细"按钮。

步骤3:编辑完成后,保存数据,单击"完成并提交任务"按钮,确认提交,则任务完成。

任务 2-10　完成房屋建筑物的现场核查工作

任务场景

在完成项目立项后,项目组需要前往被评估单位的办公地和生产地,对被评估单位申报的资产、负债、收入、成本、费用等内容进行现场调查。通过询问、访谈、核对、监盘、勘察等合适的手段,完成评估项目现场调查工作。

任务目标

1. 通过房屋建筑物的现场核查工作,了解企业房屋建筑物的实物情况、存放环境和法律权属状况以及企业对房屋建筑物管理的情况。

2. 通过重点勘察等手段,核实企业房屋建筑物的存在性与真实性。

项目2　进行现场评估调查

任务涉及岗位

项目经理岗、数据采集岗。

任务要求

1. 项目经理岗在摩估云系统中将明细表序号1办公楼的房屋勘察任务（房）分配给数据采集岗。

2. 数据采集岗在摩估云系统中接受项目经理岗委派的任务，并完成投资性房地产勘察任务（房）。

任务实施

分配任务

步骤1：单击"摩估云"按钮，进入摩估云系统；在摩估云系统主页中单击"舰鹰设备项目"按钮；在项目"管理"功能模块下单击"新建现场任务"按钮，如图2-119所示。

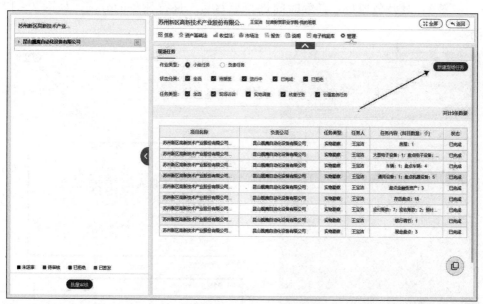

图2-119　新建现场任务

步骤2：任务负责人选择"本人"，调查类型选择"实物勘察"。根据题干可知：本次任务只有勘察一项。单击"实勘内容-房屋"按钮，对明细表序号1办公楼的房屋进行"确认选中-确定"操作，如图2-120所示。

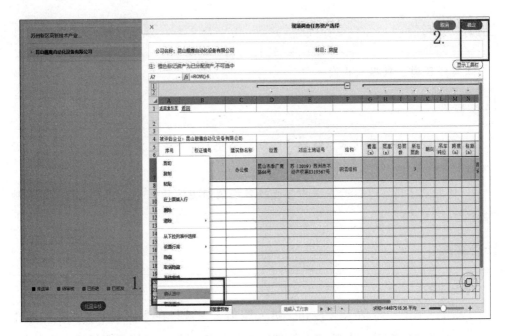

图 2-120　进入房屋明细表-选中目标房屋

步骤3：对办公地址、勘察时间进行填写后，进行任务的分配，如图 2-121 所示。

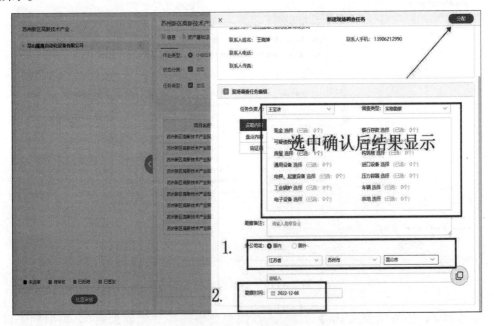

图 2-121　分配任务

步骤4：选择负责任务－房屋的勘察任务，接受该任务，操作过程如图2－122所示。

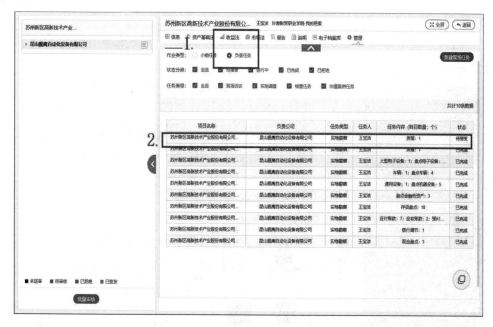

图2－122 选中任务进行接受

步骤5：进入现场勘察详情页面，单击右上角"接受"按钮，出现"完成并提交任务"说明任务已接受，操作结果如图2－123所示。

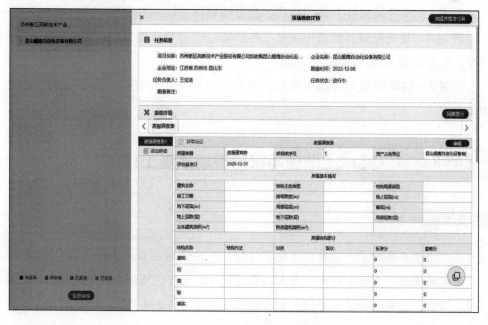

图2－123 任务已接受界面

完成任务

步骤1：对"勘察详情－房屋调查表"进行编辑，首先将页面滑到底部，根据本地数据，依次上传各类文件。

注意："勘察详情－房屋调查表"只针对"办公楼"，因此各栏目只上传"办公楼"的信息，结果如图2－124所示。

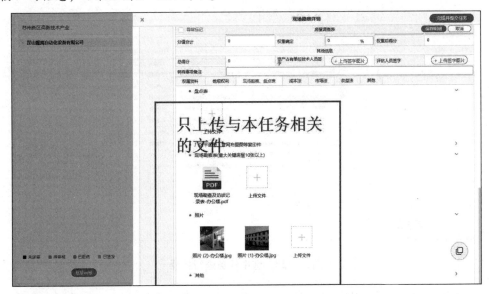

图2－124　上传所需文件

步骤2：将各类文件上传完毕后，参考规划许可证－办公楼.jpg、产权声明－办公楼.pdf、现场勘查及访谈记录表－办公楼.pdf等对房屋办公楼的基本信息进行填写，然后单击"保存明细"按钮。

步骤3：编辑完成后，保存数据，单击"完成并提交任务"按钮，确认提交，则任务完成。

任务2－11　完成土地使用权的现场核查工作

任务场景

在完成项目立项后，项目组需要前往被评估单位的办公地和生产地，对被评估单位申报的资产、负债、收入、成本、费用等内容进行现场调查。通过询问、访谈、核对、监盘、勘察等合适的手段，完成评估项目现场调查工作。

任务目标

1. 通过土地使用权的现场核查工作，了解企业土地使用权的实物情况、区位状况和法律权属状况以及企业对土地使用权管理的情况。

2. 通过重点勘察等手段，核实企业土地使用权的存在性与真实性。

任务涉及岗位

项目经理岗、数据采集岗。

任务要求

1. 项目经理岗在摩估云系统中将明细表序号 1 宗地的勘察任务分配给数据采集岗。

2. 数据采集岗在摩估云系统中接受项目经理岗委派的任务，并完成宗地勘察任务。

任务实施

分配任务

步骤1：单击"摩估云"按钮，进入摩估云系统；在摩估云系统主页中单击"舰鹰设备项目"按钮；在项目"管理"功能模块下单击"新建现场任务"按钮，如图 2－125 所示。

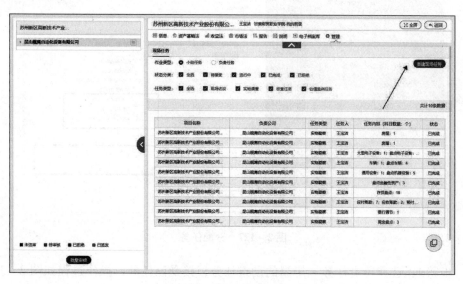

图 2－125　新建现场任务

步骤2：任务负责人选择"本人"，调查类型选择"实物勘察"。根据题干可知：本次任务只有勘察一项。单击"实勘内容－宗地"按钮，对明细表序号1宗地的土地进行"确认选中－确定"操作，如图2－126所示。

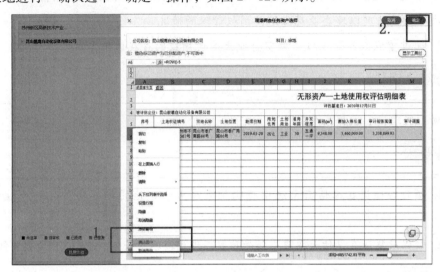

图2－126　进入明细表－选中目标土地使用权

步骤3：对办公地址、勘察时间进行填写后，进行任务的分配，如图2－127所示。

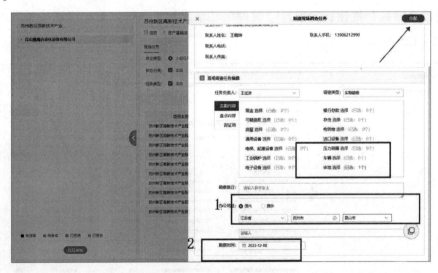

图2－127　分配任务

步骤4：选择负责任务－房屋的勘察任务，接受该任务，操作过程如图2－128所示。

项目2　进行现场评估调查

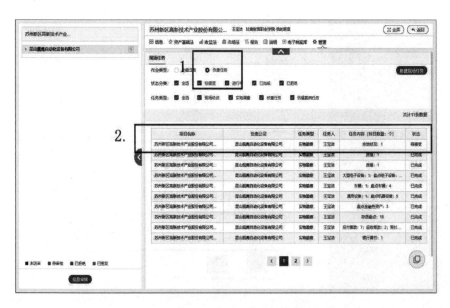

图 2-128　选中任务进行接受

步骤5：进入现场勘察详情页面，单击右上角"接受"按钮，出现"完成并提交任务"说明任务已接受，操作结果如图 2-129 所示。

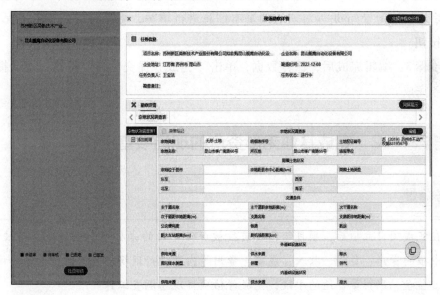

图 2-129　任务已接受界面

完成任务

步骤1：对"勘察详情-宗地状况调查表"进行编辑，首先将页面滑到底部，根据本地数据，依次上传各类文件，结果如图 2-130 所示。

113

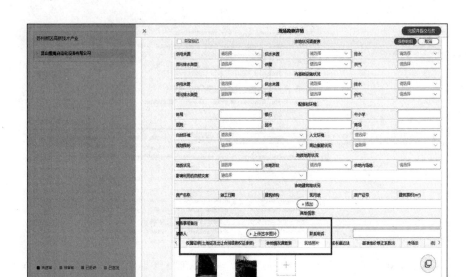

图 2-130 上传所需文件

步骤 2：将各类文件上传完毕后，参考舰鹰-不动产权证.jpg、舰鹰-宗地情况调查表.pdf、舰鹰-宗地外部配套设施调查表.pdf、舰鹰-出让合同.pdf、舰鹰-宗地访谈记录.pdf 等对宗地的基本信息进行填写，填写完成后单击"保存明细"按钮。

步骤 3：编辑完成后，保存数据，单击"完成并提交任务"按钮，确认提交，则任务完成。

任务 2-12　完成其他无形资产的现场核查工作

任务场景

在完成项目立项后，项目组需要前往被评估单位的办公地和生产地，对被评估单位申报的资产、负债、收入、成本、费用等内容进行现场调查。通过询问、访谈、核对、监盘、勘察等合适的手段，完成评估项目现场调查工作。

任务目标

1. 通过其他无形资产的现场核查工作，了解企业其他无形资产的使用情况和法律权属状况以及企业对无形资产管理的情况。

2. 通过盘点等手段，核实企业其他无形资产的存在性与真实性。

任务涉及岗位

项目经理岗、数据采集岗。

任务要求

1. 项目经理岗在摩估云系统中将全部专利权的专利盘点任务、全部软件著作权的著作权盘点任务、全部商标资产的商标盘点任务分配给数据采集岗。

2. 数据采集岗在摩估云系统中接受项目经理岗委派的任务,并完成专利盘点任务、著作权盘点任务、商标盘点任务。

任务实施

分配任务

步骤1:单击"摩估云"按钮,进入摩估云系统;在摩估云系统主页中单击"舰鹰设备项目"按钮;在项目"管理"功能模块下单击"新建现场任务"按钮,如图2-131所示。

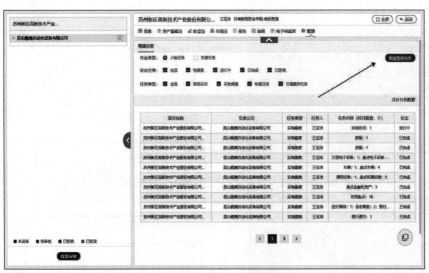

图2-131 新建现场任务

步骤2:任务负责人选择"本人",调查类型选择"实物勘察"。根据题干可知:本次任务只有盘点一项。依次单击"盘点内容-专利""盘点内容-软件著作权""盘点内容-商标"按钮对全部专利、软件著作权、商标进行"确认选中-确定"操作,展示无形资产中各部分内容,如图2-132所示。

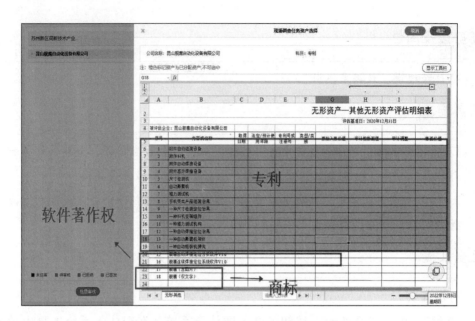

图2-132 进入明细表-选中目标无形资产

步骤3：对办公地址、勘察时间进行填写后，进行任务的分配，如图2-133所示。

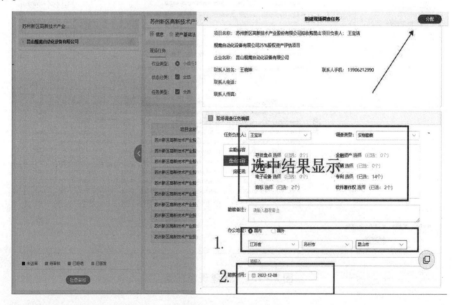

图2-133 分配任务

步骤4：选择负责任务-无形资产的盘点任务，接受该任务，操作过程如图2-134所示。

116

项目2 进行现场评估调查

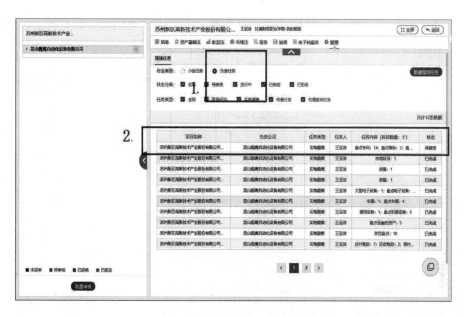

图2-134 选中任务进行接受

步骤5：进入现场勘察详情页面，单击右上角"接受"按钮，出现"完成并提交任务"说明任务已接受，操作结果如图2-135所示。

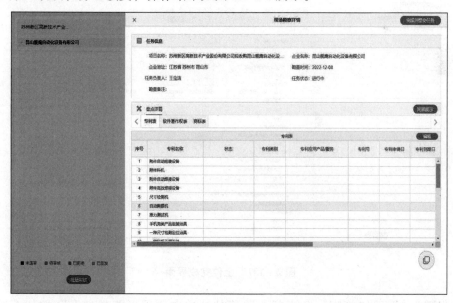

图2-135 任务已接受界面

完成任务

步骤1：将无形资产相关资料上传至"电子档案库"相关目录下，按照顺序单击"电子档案库""无形资产-其他""无形资产-专利""无形资产-软件著

117

作权""无形资产-商标"按钮,对各自文件进行上传,如图2-136所示。

图2-136 电子档案库界面

步骤2:全部上传成功后,上传任务即完成,结果如图2-137所示。

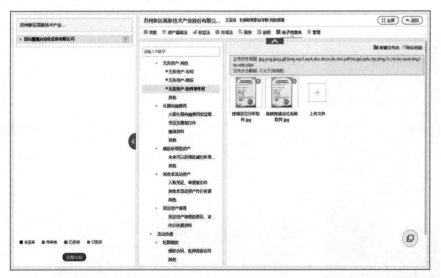

图2-137 上传完成界面

步骤3:返回"管理-负责任务"模块,单击"无形资产盘点"按钮,编辑"盘点详情-专利表"等。对"专利表""软件著作权表""商标表"进行编辑,编辑数据来自同屏显示的"电子档案库"数据,操作过程如图2-138所示。

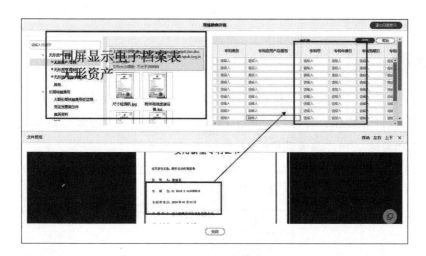

图 2-138 编辑盘点详情

步骤4：编辑完成后，保存数据，单击"完成并提交任务"按钮，确认提交，则任务完成。

任务2-13 完成企业负债的现场核查工作

任务场景

在完成项目立项后，项目组需要前往被评估单位的办公地和生产地，对被评估单位申报的资产、负债、收入、成本、费用等内容进行现场调查。通过询问、访谈、核对、监盘、勘察等合适的手段，完成评估项目现场调查工作。

任务目标

1. 通过企业负债的现场核查工作，了解企业负债的具体情况和法律状况以及企业负债管理的情况。

2. 通过资料收集等手段，核实企业负债的存在性与真实性。

任务涉及岗位

数据采集岗。

任务要求

甄别收到的数据资料，上传到摩估云系统的电子档案库流动负债或非流动负债目录对应的子目录下。

任务实施

步骤1：单击"摩估云"按钮，进入摩估云系统；在摩估云系统主页中单击"舰鹰设备项目"按钮；在项目"电子档案库"功能模块下搜索"负债"类项目，找到"流动负债"和"非流动负债"，如图2-139所示。

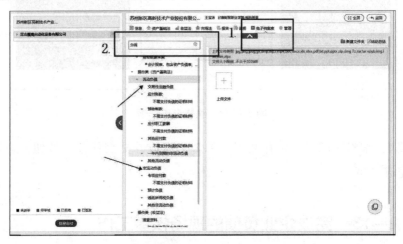

图2-139　电子档案库界面

步骤2：判断资料类别进行上传：借款合同应属于短期借款；应付职工薪酬抽查凭证属于应付职工薪酬-核查记录；各类税款申报表属于应交税费-纳税申报表，结果如图2-140所示。

图2-140　上传完成界面

步骤3：上传结束后，任务完成。

任务2-14 完成企业访谈——高管访谈任务

任务场景

在完成项目立项后，项目组需要前往被评估单位的办公地和生产地，对被评估单位申报的资产、负债、收入、成本、费用等内容进行现场调查。通过询问、访谈、核对、监盘、勘察等合适的手段，完成评估项目现场调查工作。

任务目标

1. 通过与企业高管访谈，了解被评估单位的基本情况。
2. 通过访谈手段，可以更有针对性地对企业情况进行进一步提问，获取更深入的信息。

任务涉及岗位

项目经理岗、收益法/市场法采集岗。

任务要求

1. 项目经理岗在摩估云系统中根据访谈提纲的文件，将企业高管的访谈任务分配给收益法/市场法采集岗。
2. 收益法/市场法采集岗在摩估云系统中接受项目经理岗委派的任务，并完成企业高管访谈任务。

任务实施

分配任务

步骤1：单击"摩估云"按钮，进入摩估云系统；在摩估云系统主页中单击"舰鹰设备项目"按钮；单击屏幕右侧"电子档案库"选项卡，找到收益法-公司高管访谈记录，上传访谈大纲，如图2-141所示。

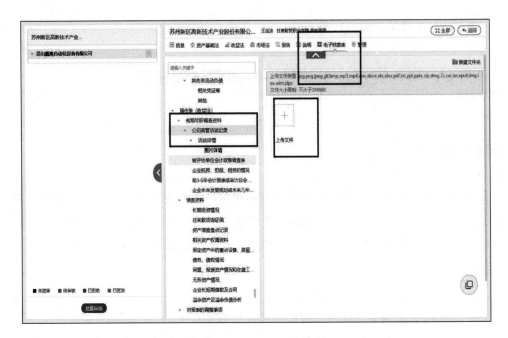

图 2-141 电子档案库界面

步骤2：单击屏幕右侧"管理-新建现场任务"按钮，如图 2-142 所示。

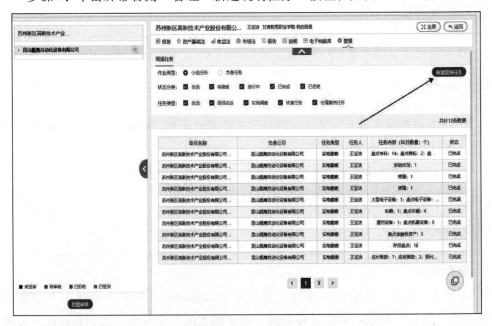

图 2-142 新建现场任务

步骤3：任务负责人选择"本人"，调查类型选择"现场访谈"。根据上传的访谈大纲进行内容的填写后，进行分配，如图 2-143 所示。

项目2 进行现场评估调查

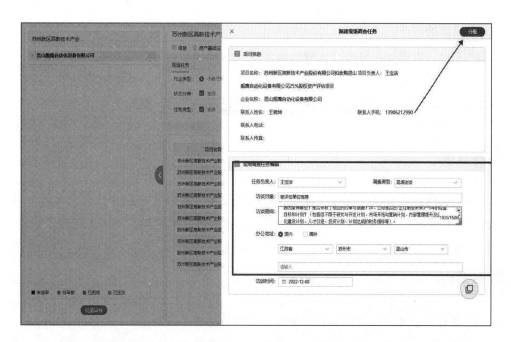

图2-143 分配任务

步骤4：选择负责任务-现场访谈任务，接受该任务，操作过程如图2-144所示。

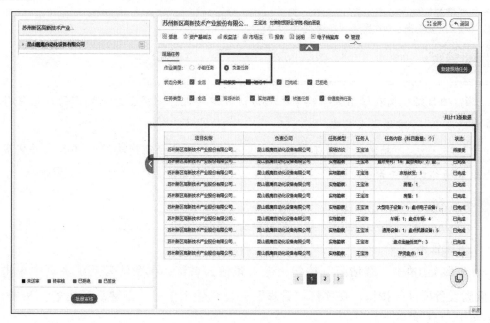

图2-144 选中任务进行接受

完成任务

线下进行访谈后,单击"完成并提交任务"按钮,完成该任务。

任务 2-15　完成企业访谈——市场访谈任务

任务场景

在完成项目立项后,项目组需要前往被评估单位的办公地和生产地,对被评估单位申报的资产、负债、收入、成本、费用等内容进行现场调查。通过询问、访谈、核对、监盘、勘察等合适的手段,完成评估项目现场调查工作。

任务目标

1. 通过与企业市场部访谈,了解被评估单位的基本情况。

2. 通过访谈手段,可以更有针对性地对企业情况进行进一步提问,获取更深入的信息。

任务涉及岗位

项目经理岗、收益法/市场法采集岗。

任务要求

1. 项目经理岗在摩估云系统中根据访谈提纲的文件,将企业市场部的访谈任务分配给收益法/市场法采集岗。

2. 收益法/市场法采集岗在摩估云系统中接受项目经理岗委派的任务,并完成企业市场部访谈任务。

任务实施

分配任务

步骤1:单击"摩估云"按钮,进入摩估云系统;在摩估云系统主页中单击"舰鹰设备项目"按钮;在项目"管理"功能模块下单击"新建现场任务"按钮,如图 2-145 所示。

项目2 进行现场评估调查

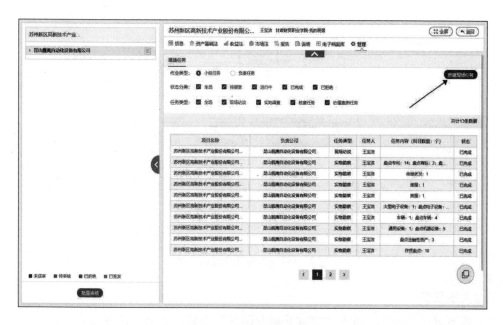

图2–145 新建现场任务

步骤2：任务负责人选择"本人"，调查类型选择"现场访谈"。根据舰鹰–访谈提纲–市场部.docx 对内容进行填写后，进行分配，如图2–146 所示。

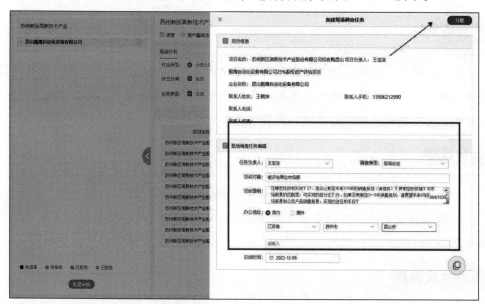

图2–146 分配任务

步骤3：选择负责任务–现场访谈任务，接受该任务，操作过程如图2–147 所示。

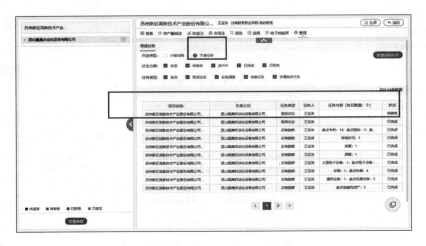

图 2-147 选中任务进行接受

完成任务

线下进行访谈后,单击"完成并提交任务"按钮,完成该任务。

任务 2-16　完成企业访谈——人力访谈任务

任务场景

在完成项目立项后,项目组需要前往被评估单位的办公地和生产地,对被评估单位申报的资产、负债、收入、成本、费用等内容进行现场调查。通过询问、访谈、核对、监盘、勘察等合适的手段,完成评估项目现场调查工作。

任务目标

1. 通过与企业人力部访谈,了解被评估单位的基本情况。

2. 通过访谈手段,可以更有针对性地对企业情况进行进一步提问,获取更深入的信息。

任务涉及岗位

项目经理岗、收益法/市场法采集岗。

任务要求

1. 项目经理岗在摩估云系统中根据访谈提纲的文件,将企业人力部的访谈任务分配给收益法/市场法采集岗。

2. 收益法/市场法采集岗在摩估云系统中接受项目经理岗委派的任务，并完成企业人力部访谈任务。

任务实施

分配任务

步骤1：单击"摩估云"按钮，进入摩估云系统；在摩估云系统主页中单击"舰鹰设备项目"按钮；选择界面右侧"管理－负责任务－新建现场任务"，如图2－148所示。

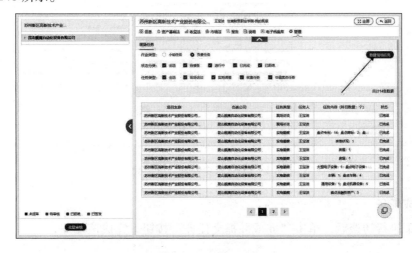

图2－148 新建现场任务

步骤2：任务负责人选择"本人"，调查类型选择"现场访谈"。根据舰鹰－访谈提纲－人力部.docx对内容进行填写后，进行分配，如图2－149所示。

图2－149 分配任务

步骤3：选择负责任务－现场访谈任务，接受该任务，操作过程如图2－150所示。

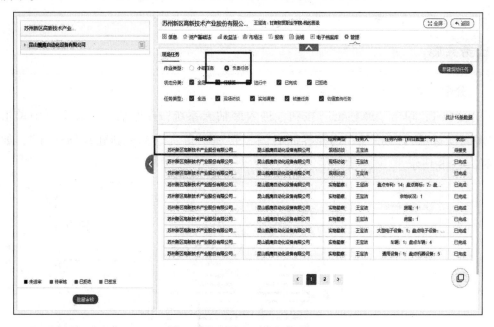

图2－150 选中任务进行接受

完成任务

线下进行访谈后，单击"完成并提交任务"按钮，完成该任务。

任务2－17 完成企业访谈——财务访谈任务

任务场景

在完成项目立项后，项目组需要前往被评估单位的办公地和生产地，对被评估单位申报的资产、负债、收入、成本、费用等内容进行现场调查。通过询问、访谈、核对、监盘、勘察等合适的手段，完成评估项目现场调查工作。

任务目标

1. 通过与企业财务部访谈，了解被评估单位的基本情况。
2. 通过访谈手段，可以更有针对性地对企业情况进行进一步提问，获取更深入的信息。

任务涉及岗位

项目经理岗、收益法/市场法采集岗。

任务要求

1. 项目经理岗在摩估云系统中根据访谈提纲的文件，将企业财务部的访谈任务分配给收益法/市场法采集岗。

2. 收益法/市场法采集岗在摩估云系统中接受项目经理岗委派的任务，并完成企业财务部访谈任务。

任务实施

分配任务

步骤1：单击"摩估云"按钮，进入摩估云系统；在摩估云系统主页中单击"舰鹰设备项目"按钮；选择屏幕右侧"管理－小组任务－新建现场任务"，如图2－151所示。

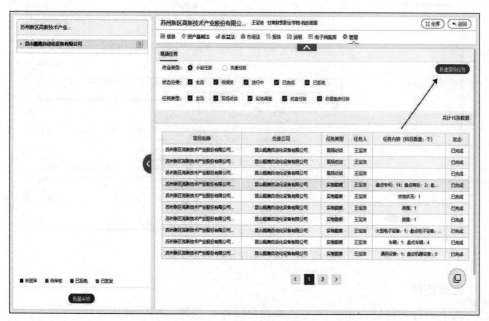

图2－151 新建现场任务

步骤2：任务负责人选择"本人"，调查类型选择"现场访谈"。根据舰鹰－访谈提纲－财务部.docx对内容进行填写后，进行分配，如图2－152所示。

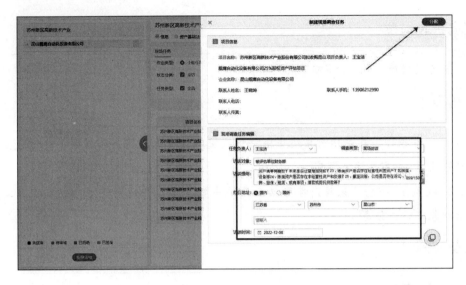

图 2-152 分配任务

步骤3：选择负责任务-现场访谈任务，接受该任务，操作过程如图2-153所示。

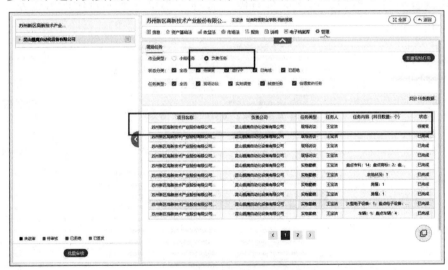

图 2-153 选中任务进行接受

完成任务

线下进行访谈后，单击"完成并提交任务"按钮，完成该任务。

项目3　收集整理评估资料

任务3-1　核查企业综合数据和环境数据采集工作

任务场景

在完成项目现场工作后,离开项目现场前,项目小组成员需要对已完成的项目现场工作进行自我检查。

项目小组按照公司制定的核查分析程序,检查已完成的现场工作。其他项目小组成员的现场工作情况已发送至摩估云系统中。

任务目标

1. 通过对比公司核查分析程序,检查已采集的企业综合数据和环境数据是否符合要求。
2. 对不符合要求的数据和资料,需要在现场进行重新核实。

任务涉及岗位

项目经理岗。

任务要求

1. 项目经理岗在摩估云系统中检查企业综合数据和环境数据采集现场工作的完成情况。
2. 项目经理岗在摩估云系统中创建并完成企业综合数据核查程序表。

任务实施

步骤1:依次单击"摩估云"、"舰鹰设备项目"、界面左侧"昆山舰鹰自动化设备有限公司"、界面右侧的"管理"进入任务操作界面,如图3-1所示。

图 3-1　进入操作界面

步骤 2：单击上述界面的"新建现场任务"按钮并选择任务负责人和调查类型，根据任务要求调查类型选择"核查任务"。在跳出界面的核查程序执行表中选择企业综合数据，并单击右上角的"分配"按钮，如图 3-2、图 3-3 所示。返回界面后该项目的状态是进行中。

图 3-2　新建现场任务

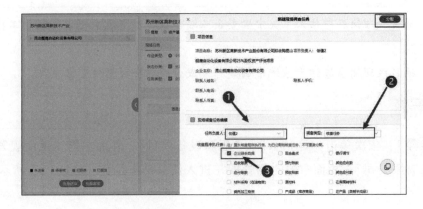

图 3-3　任务分配

步骤3：单击按钮"负责任务"，并选择分配的任务名称，进入填写页面，如图3-4所示。

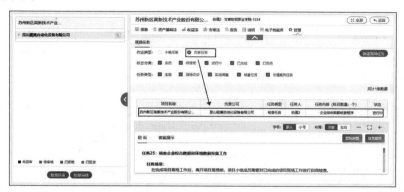

图3-4 接受任务

步骤4：进入填写界面后，对基础数据核查程序表、经营数据核查程序表、财务数据核查程序表的企业名称、编制人、编制日期、基准日等信息及是否执行、执行人信息进行填写，并单击按钮"完成并提交任务"，如图3-5、图3-6所示。

图3-5 填写内容

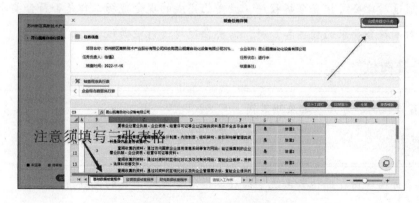

图3-6 完成并提交任务

步骤5：此时界面中该项的状态栏中显示已完成，单击"任务提交"按钮，查看得分，如图3-7所示。

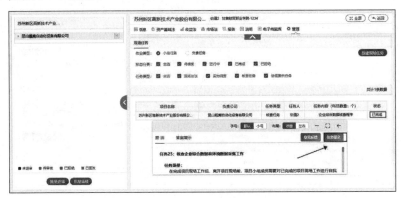

图3-7　任务提交

任务3-2　补充现金明细表并核查库存现金现场工作

任务场景

在完成项目现场工作后，离开项目现场前，项目小组成员需要对已完成的项目现场工作进行自我检查。

项目小组按照公司制定的核查分析程序，检查已完成的现场工作。其他项目小组成员的现场工作情况已发送至摩估云系统中。

任务目标

1. 通过对比公司核查分析程序，检查已完成的现金现场工作是否符合要求。
2. 对不符合要求的数据和资料，需要在现场进行重新核实。

任务涉及岗位

项目经理岗、资产基础法测算岗。

任务要求

1. 项目经理岗在摩估云系统中检查库存现金现场工作的完成情况。
2. 资产基础法测算岗在现场任务的基础上，完善现金明细表。

项目3 收集整理评估资料

3. 项目经理岗在摩估云系统中创建并完成现金核查程序表。

任务实施

步骤1：依次单击"摩估云"、"舰鹰设备项目"、界面左侧"昆山舰鹰自动化设备有限公司"、界面右侧的"管理"进入任务操作界面，如图3-8所示。

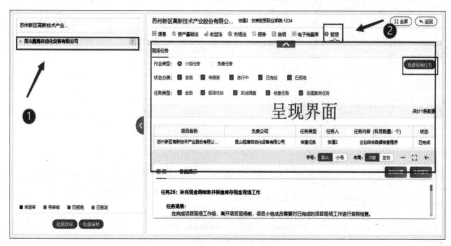

图3-8 进入任务操作界面

步骤2：单击上述界面的"新建现场任务"按钮并选择任务负责人和调查类型，根据任务要求调查类型选择"核查任务"。在跳出界面的核查程序执行表中选择现金盘点，并单击右上角的"分配"按钮，如图3-9、图3-10所示。返回界面后该项目的状态是进行中。

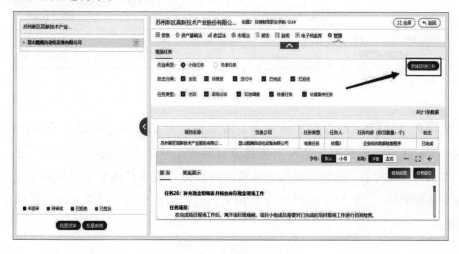

图3-9 新建现场任务

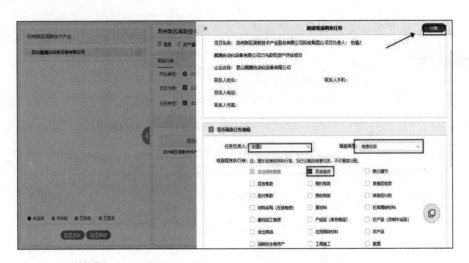

图 3-10　分配任务

步骤 3：接受任务并进入填写页面。单击"负责任务"按钮，并选择分配的任务名称，进入填写页面，如图 3-11 所示。

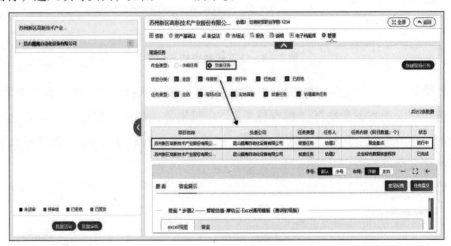

图 3-11　接受任务

步骤 4：填写现金核查程序表内容。对表格中企业名称、编制人、编制日期、基准日等信息及是否执行、执行人信息进行填写，并单击"完成并提交任务"按钮，如图 3-12 所示。这里需要注意填写的内容中"核实其他需要说明的事项，并补充企业说明等"，根据本项目并没有相关内容，因此选择"否"，并在备注中写"不涉及"。

项目3　收集整理评估资料

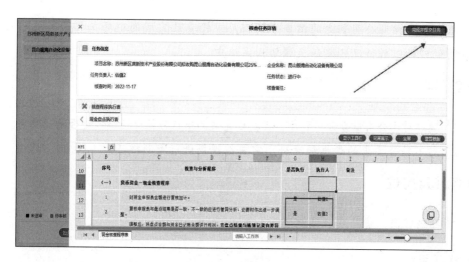

图 3–12　填写内容

步骤5：放大题面并提交。此时界面中该项的状态栏中显示已完成，单击"任务提交"按钮，查看成绩，如图 3–13 所示。

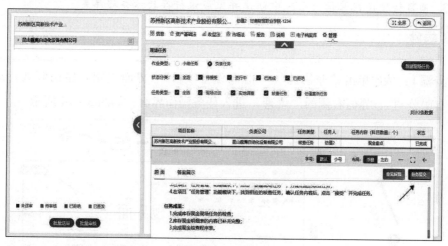

图 3–13　提交任务

任务 3–3　补充银行存款明细表并核查银行存款现场工作

任务场景

在完成项目现场工作后，离开项目现场前，项目小组成员需要对已完成的项目现场工作进行自我检查。

137

项目小组按照公司制定的核查分析程序,检查已完成的现场工作。其他项目小组成员的现场工作情况已发送至摩估云系统中。

任务目标

1. 通过对比公司核查分析程序,检查已完成的银行存款现场工作是否符合要求。
2. 对不符合要求的数据和资料,需要在现场进行重新核实。

任务涉及岗位

项目经理岗、资产基础法测算岗。

任务要求

1. 项目经理岗在摩估云系统中检查银行存款现场工作的完成情况。
2. 资产基础法测算岗在现场任务的基础上,完善银行存款明细表。
3. 项目经理岗在摩估云系统中创建并完成银行存款核查程序表。

任务实施

步骤1:依次单击"摩估云"、"舰鹰设备项目"、界面左侧"昆山舰鹰自动化设备有限公司"、界面右侧的"管理"进入任务操作界面,如图3-14所示。

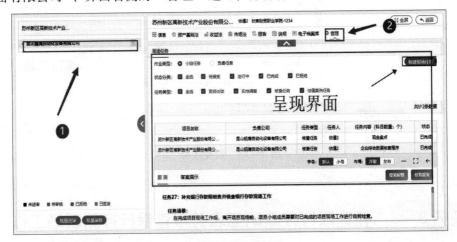

图3-14 进入操作界面

步骤2:单击上述界面的"新建现场任务"按钮并选择任务负责人和调查类型,根据任务要求调查类型选择"核查任务"。在跳出界面的核查程序执行表中选择银行调节,最后单击右上角的"分配"按钮,如图3-15、图3-16所示。返回界面后该项目的状态是进行中。

图3-15 新建现场任务

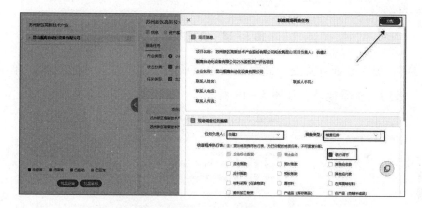

图3-16 分配任务

步骤3：接受任务并进入填写页面。单击按钮"负责任务"并选择上一步分配的任务。进入界面后，单击右上角的"接受"按钮，如图3-17所示。

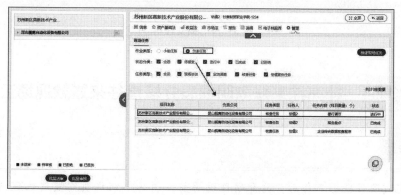

图3-17 接受任务

步骤4：根据现场勘查的真实情况对核查程序表的企业名称、编制人、编制日期、基准日等信息及是否执行、执行人信息进行填写，并单击"完成并提交任务"按钮，如图3-18所示。

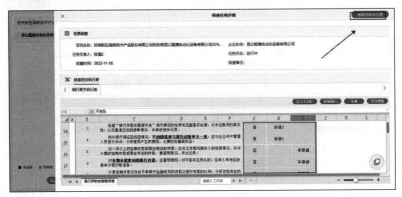

图3-18　填写内容

步骤5：放大题面并提交。此时界面中该项的状态栏中显示已完成，单击"任务提交"按钮，查看成绩，如图3-19所示。

图3-19　提交任务

任务3-4　补充往来账款明细表并核查往来账款现场工作

任务场景

在完成项目现场工作后，离开项目现场前，项目小组成员需要对已完成的项目现场工作进行自我检查。

项目小组按照公司制定的核查分析程序，检查已完成的现场工作。其他项目小组成员的现场工作情况已发送至摩估云系统中。

任务目标

1. 通过对比公司核查分析程序，检查已完成的往来账款（包括应收账款、预收账款、其他应收款、应付账款、预付账款、其他应付款）现场工作是否符合要求。

2. 对不符合要求的数据和资料，需要在现场进行重新核实。

任务涉及岗位

项目经理岗、资产基础法测算岗。

任务要求

1. 项目经理岗在摩估云系统中检查往来账款现场工作的完成情况。

2. 资产基础法测算岗在现场任务的基础上，完善应收账款、预收账款、其他应收款、应付账款、预付账款、其他应付款共六个明细表。

3. 项目经理岗在摩估云系统中创建并完成应收账款、预收账款、其他应收款、应付账款、预付账款、其他应付款共六个核查程序表。

任务实施

步骤1：依次单击"摩估云"、"舰鹰设备项目"、界面左侧"昆山舰鹰自动化设备有限公司"、界面右侧的"管理"进入任务操作界面，如图3-20所示。

图3-20 进入操作界面

步骤2：单击上述界面的"新建现场任务"按钮并选择任务负责人和调查类型，根据任务要求调查类型选择"核查任务"。在跳出界面的核查程序执行表中选择应收账款、预付账款、其他应收款等六项，并单击右上角的"分配"按钮，如图 3-21、图 3-22 所示。返回界面后该项目的状态是进行中。

图 3-21　新建现场任务

图 3-22　分配任务

步骤 3：单击"负责任务"按钮，并选择分配的任务名称，进入填写页面，如图 3-23 所示。

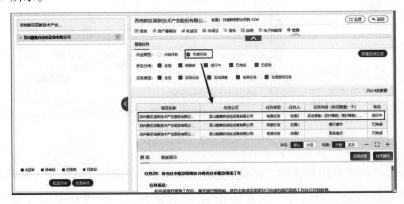

图 3-23　接受任务

步骤4：填写核查程序表内容。根据现场勘查情况对应收账款执行表、应付账款执行表、预付账款执行表等六张表的企业名称、编制人、编制日期、基准日等信息及是否执行、执行人信息进行填写，并单击"完成并提交任务"按钮，如图3-24所示。

图3-24 填写内容

步骤5：放大题面并提交。此时界面中该项的状态栏中显示已完成，单击"任务提交"按钮，查看成绩，如图3-25所示。

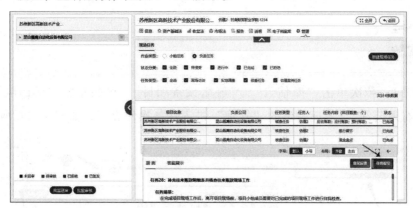

图3-25 提交任务

任务3-5 补充存货明细表并核查存货现场工作

任务场景

在完成项目现场工作后，离开项目现场前，项目小组成员需要对已完成的项目现场工作进行自我检查。

项目小组按照公司制定的核查分析程序,检查已完成的现场工作。其他项目小组成员的现场工作情况已发送至摩估云系统中。

任务目标

1. 通过对比公司核查分析程序,检查已完成的存货现场工作是否符合要求。
2. 对不符合要求的数据和资料,需要在现场进行重新核实。

任务涉及岗位

项目经理岗、资产基础法测算岗。

任务要求

1. 项目经理岗在摩估云系统中检查存货现场工作的完成情况。
2. 资产基础法测算岗在现场任务的基础上,完善原材料、产成品、在产品共三个明细表。
3. 项目经理岗在摩估云系统中创建并完成原材料、产成品、在产品共三个核查程序表。

任务实施

步骤1:依次单击"摩估云"、"舰鹰设备项目"、界面左侧"昆山舰鹰自动化设备有限公司"、界面右侧的"管理"进入任务操作界面,如图3-26所示。

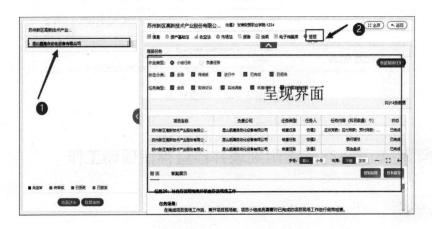

图3-26 进入操作界面

步骤2：单击上述界面的"新建现场任务"按钮并选择任务负责人和调查类型，根据任务要求调查类型选择"核查任务"并单击该按钮。在跳出界面的核查程序执行表中选择原材料、产成品（库存商品）、在产品（自制半成品）三项，并单击右上角的"分配"按钮，如图3-27、图3-28所示。返回界面后该项目的状态是进行中。

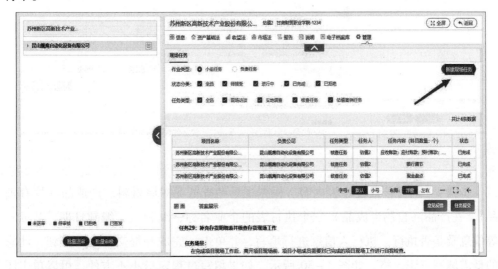

图3-27 新建现场任务

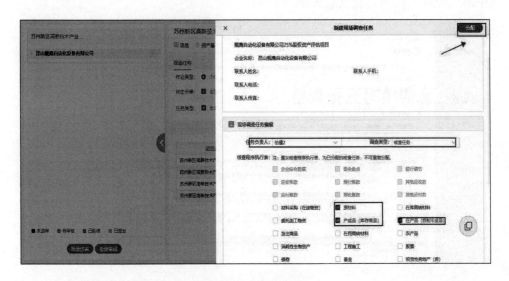

图3-28 分配任务

步骤3：接受任务并进入填写界面。单击"负责任务"按钮，并选择分配的任务名称，进入填写页面，如图3-29所示。

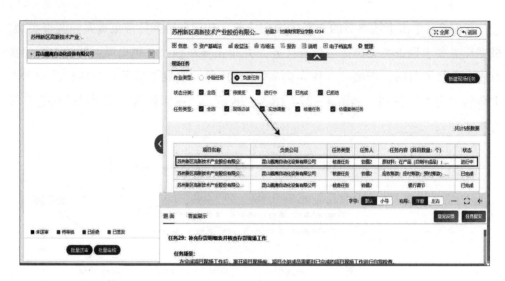

图 3-29 接受任务

步骤 4：填写核查程序表内容。根据现场勘查情况对原材料、产成品（库存商品）、在产品（自制半成品）三个执行表的企业名称、编制人、编制日期、基准日等信息及是否执行、执行人信息进行填写，并单击"完成并提交任务"按钮，注意的是需填写三张表格，如图 3-30 所示。如果填写过程窗口小不方便，可以单击图片中的"全屏"按钮，使其放大。

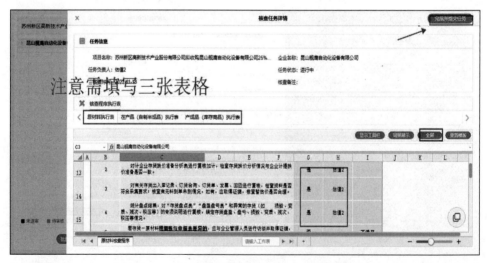

图 3-30 填写内容

步骤 5：放大题面并提交。此时界面中的状态栏中显示已完成，单击"任务提交"按钮，查看成绩，如图 3-31 所示。

项目3　收集整理评估资料

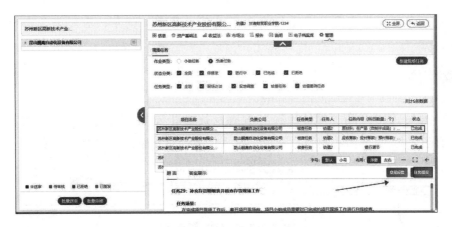

图3-31　提交任务

任务3-6　补充交易性金融资产明细表并核查交易性金融资产现场工作

任务场景

在完成项目现场工作后，离开项目现场前，项目小组成员需要对已完成的项目现场工作进行自我检查。

项目小组按照公司制定的核查分析程序，检查已完成的现场工作。其他项目小组成员的现场工作情况已发送至摩估云系统中。

任务目标

1. 通过对比公司核查分析程序，检查已完成的金融资产现场工作是否符合要求。

2. 对不符合要求的数据和资料，需要在现场进行重新核实。

任务涉及岗位

项目经理岗、资产基础法测算岗。

任务要求

1. 项目经理岗在摩估云系统中检查金融资产现场工作的完成情况。

2. 资产基础法测算岗在现场任务的基础上，完善股票、债券、基金共3个明细表。

147

3. 项目经理岗在摩估云系统中创建并完成股票、债券、基金共 3 个核查程序表。

任务实施

步骤 1：依次单击"摩估云"、"舰鹰设备项目"、界面左侧"昆山舰鹰自动化设备有限公司"、界面右侧的"管理"进入任务操作界面，如图 3-32 所示。

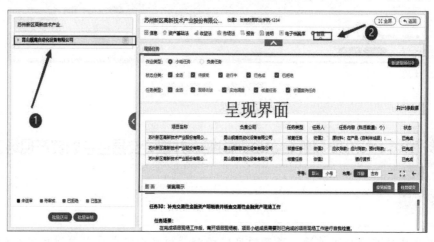

图 3-32　进入操作界面

步骤 2：单击上述界面的"新建现场任务"按钮并选择任务负责人和调查类型，根据任务要求调查类型选择"核查任务"，并单击该按钮。在跳出界面的核查程序执行表中选择股票，并单击右上角的"分配"按钮，如图 3-33、图 3-34 所示。返回界面后该项目的状态是进行中。

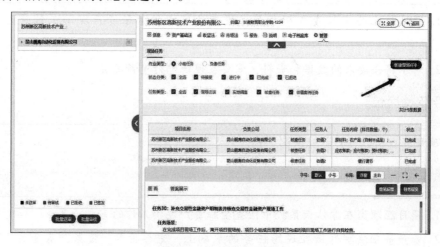

图 3-33　新建现场任务

图3-34 分配任务

步骤3：接受任务并依次单击"负责任务"按钮，选择分配的任务名称，进入填写页面，如图3-35所示。

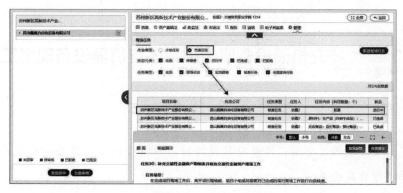

图3-35 接受任务

步骤4：填写核查程序表内容。根据现场勘查情况对股票执行表的企业名称、编制人、编制日期、基准日等信息及是否执行、执行人信息进行填写，并单击"完成并提交任务"按钮，如图3-36所示。

图3-36 填写内容

步骤5：放大题面并提交。此时界面中该项的状态栏中显示已完成，单击"任务提交"按钮，查看成绩，如图3-37所示。

图3-37　提交任务

任务3-7　补充机器设备明细表并核查机器设备现场工作

任务场景

在完成项目现场工作后，离开项目现场前，项目小组成员需要对已完成的项目现场工作进行自我检查。

项目小组按照公司制定的核查分析程序，检查已完成的现场工作。其他项目小组成员的现场工作情况已发送至摩估云系统中。

任务目标

1. 通过对比公司核查分析程序，检查已完成的机器设备现场工作是否符合要求。

2. 对不符合要求的数据和资料，需要在现场进行重新核实。

任务涉及岗位

项目经理岗、资产基础法测算岗。

任务要求

1. 项目经理岗在摩估云系统中检查机器设备现场工作的完成情况。

2. 资产基础法测算岗在现场任务的基础上，完善机器设备明细表。
3. 项目经理岗在摩估云系统中创建并完成机器设备核查程序表。

任务实施

步骤1：依次单击"摩估云"、"舰鹰设备项目"、界面左侧"昆山舰鹰自动化设备有限公司"、界面右侧的"管理"进入任务操作界面，如图3-38所示。

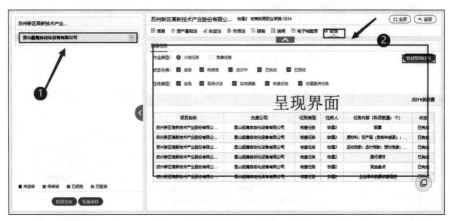

图3-38　进入操作界面

步骤2：单击上述界面的"新建现场任务"按钮并选择任务负责人和调查类型，根据任务要求调查类型选择"核查任务"。在跳出界面的核查程序执行表中选择机器设备，并单击右上角的"分配"按钮，如图3-39、图3-40所示。返回界面后该项目的状态是进行中。

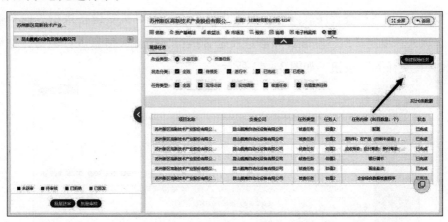

图3-39　新建现场任务

图3-40 分配任务

步骤3：接受任务。依次单击"负责任务"按钮，并选择分配的任务名称，进入填写页面，如图3-41所示。

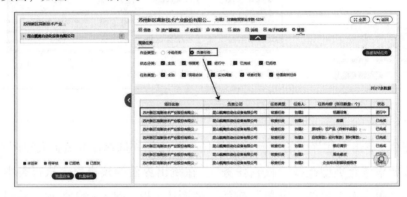

图3-41 接受任务

步骤4：填写核查程序表内容。根据现场勘查情况对机器设备执行表的企业名称、编制人、编制日期、基准日等信息及是否执行、执行人信息进行填写，并单击"完成并提交任务"按钮，如图3-42所示。

图3-42 填写内容

步骤5：放大题面并提交。此时界面中该项的状态栏中显示已完成，单击"任务提交"按钮，查看成绩，如图3-43所示。

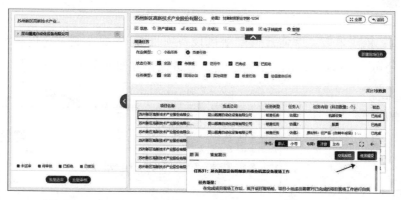

图3-43 提交任务

任务3-8 补充车辆明细表并核查车辆现场工作

任务场景

在完成项目现场工作后，离开项目现场前，项目小组成员需要对已完成的项目现场工作进行自我检查。

项目小组按照公司制定的核查分析程序，检查已完成的现场工作。其他项目小组成员的现场工作情况已发送至摩估云系统中。

任务目标

1. 通过对比公司核查分析程序，检查已完成的车辆现场工作是否符合要求。
2. 对不符合要求的数据和资料，需要在现场进行重新核实。

任务涉及岗位

项目经理岗、资产基础法测算岗。

任务要求

1. 项目经理岗在摩估云系统中检查车辆现场工作的完成情况。
2. 资产基础法测算岗在现场任务的基础上，完善车辆明细表。

3. 项目经理岗在摩估云系统中创建并完成车辆核查程序表。

任务实施

步骤1：依次单击"摩估云"、"舰鹰设备项目"、界面左侧"昆山舰鹰自动化设备有限公司"、界面右侧的"管理"进入任务操作界面如图3-44所示。

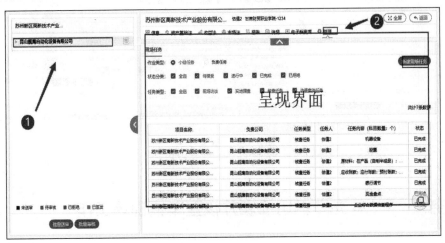

图3-44 进入操作界面

步骤2：单击上述界面的"新建现场任务"按钮并选择任务负责人和调查类型，根据任务要求调查类型选择"核查任务"。在跳出界面的核查程序执行表中选择车辆，并单击右上角的"分配"按钮，如图3-45、图3-46所示。返回界面后该项目的状态是进行中。

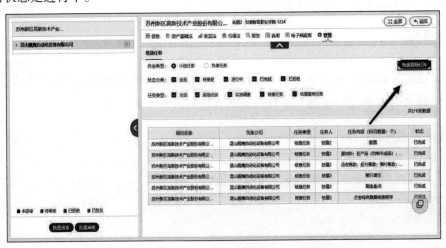

图3-45 新建现场任务

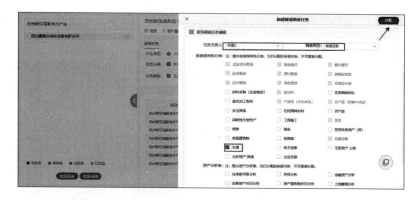

图 3-46 分配任务

步骤3：接受任务并进入填写界面。单击"负责任务"按钮，并选择分配的任务名称，进入填写页面，如图 3-47 所示。

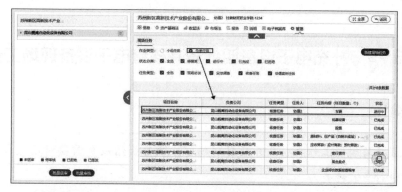

图 3-47 接受任务

步骤4：填写核查程序表内容。根据现场勘查情况对车辆执行表的企业名称、编制人、编制日期、基准日等信息及是否执行、执行人信息进行填写，并单击按钮"完成并提交任务"，如图 3-48 所示。

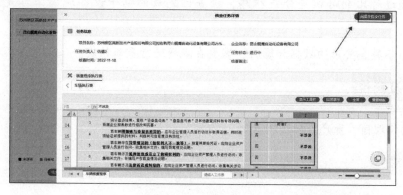

图 3-48 填写内容

步骤5：放大题面并提交。此时界面中该项的状态栏中显示已完成，单击"任务提交"按钮，查看成绩，如图3-49所示。

图3-49　提交任务

任务3-9　补充电子设备明细表并核查电子设备现场工作

任务场景

在完成项目现场工作后，离开项目现场前，项目小组成员需要对已完成的项目现场工作进行自我检查。

项目小组按照公司制定的核查分析程序，检查已完成的现场工作。其他项目小组成员的现场工作情况已发送至摩估云系统中。

任务目标

1. 通过对比公司核查分析程序，检查已完成的电子设备现场工作是否符合要求。

2. 对不符合要求的数据和资料，需要在现场进行重新核实。

任务涉及岗位

项目经理岗、资产基础法测算岗。

任务要求

1. 项目经理岗在摩估云系统中检查电子设备现场工作的完成情况。

2. 资产基础法测算岗在现场任务的基础上，完善电子设备明细表。

3. 项目经理岗在摩估云系统中创建并完成电子设备核查程序表。

任务实施

步骤1：依次单击"摩估云"、"舰鹰设备项目"、界面左侧"昆山舰鹰自动化设备有限公司"、界面右侧的"管理"进入任务操作界面，如图3－50所示。

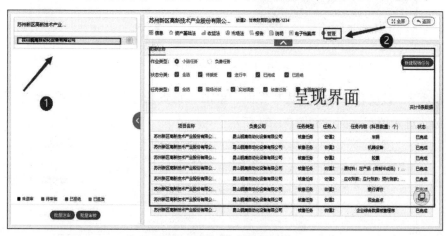

图3－50 进入操作界面

步骤2：单击上述界面的"新建现场任务"按钮并选择任务负责人和调查类型，根据任务要求调查类型选择"核查任务"。在跳出界面的核查程序执行表中选择电子设备，并单击右上角的"分配"按钮，如图3－51、图3－52所示。返回界面后该项目的状态是进行中。

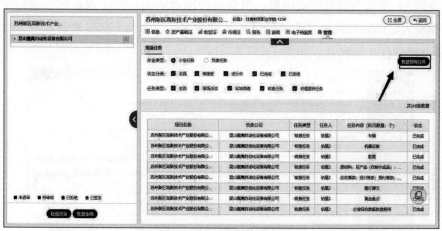

图3－51 新建现场任务

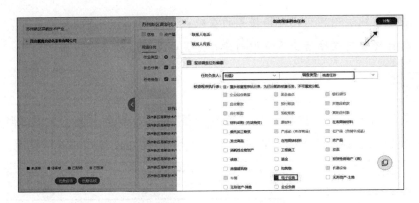

图 3-52 分配任务

步骤3：接受任务并进入填写界面。单击"负责任务"按钮，并选择分配的任务名称，进入填写页面，如图 3-53 所示。

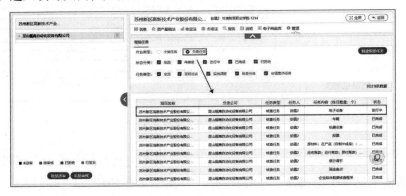

图 3-53 接受任务

步骤4：填写核查程序表内容。根据现场勘查情况对电子设备执行表的企业名称、编制人、编制日期、基准日等信息及是否执行、执行人信息进行填写，并单击"完成并提交任务"按钮，如图 3-54 所示。

图 3-54 填写内容

步骤5：放大题面并提交。此时界面中该项的状态栏中显示已完成，单击"任务提交"按钮，查看成绩，如图3-55所示。

图3-55 提交任务

任务3-10 补充投资性房地产明细表并核查投资性房地产现场工作

任务场景

在完成项目现场工作后，离开项目现场前，项目小组成员需要对已完成的项目现场工作进行自我检查。

项目小组按照公司制定的核查分析程序，检查已完成的现场工作。其他项目小组成员的现场工作情况已发送至摩估云系统中。

任务目标

1. 通过对比公司核查分析程序，检查已完成的投资性房地产现场工作是否符合要求。

2. 对不符合要求的数据和资料，需要在现场进行重新核实。

任务涉及岗位

项目经理岗、资产基础法测算岗。

任务要求

1. 项目经理岗在摩估云系统中检查投资性房地产现场工作的完成情况。

2. 资产基础法测算岗在现场任务的基础上完善投资性房地产明细表。
3. 项目经理岗在摩估云系统中创建并完成投资性房地产核查程序表。

任务实施

步骤1：依次单击"摩估云"、"舰鹰设备项目"、界面左侧"昆山舰鹰自动化设备有限公司"、界面右侧的"管理"进入任务操作界面，如图3-56所示。

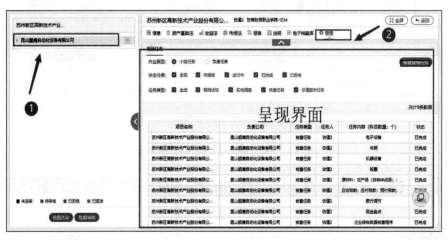

图3-56 进入操作界面

步骤2：单击上述界面的"新建现场任务"按钮并选择任务负责人和调查类型，根据任务要求调查类型选择"核查任务"。在跳出界面的核查程序执行表中选择投资性房地产（房），并单击右上角的"分配"按钮，如图3-57、图3-58所示。返回界面后该项目的状态是进行中。

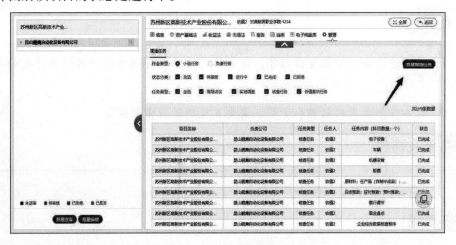

图3-57 新建现场任务

项目3 收集整理评估资料

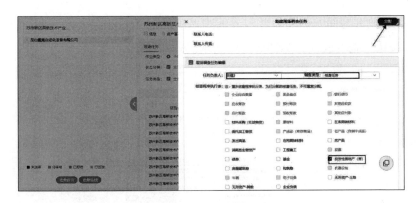

图3-58 分配任务

步骤3：接受任务并进入填写界面。单击"负责任务"按钮，并选择分配的任务名称，进入填写页面，如图3-59所示。

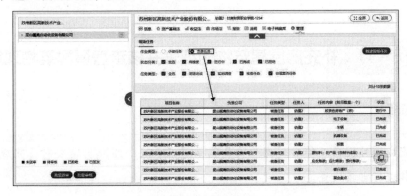

图3-59 接受任务

步骤4：填写核查程序表内容。根据现场勘查情况对投资性房产（房）执行表的企业名称、编制人、编制日期、基准日等信息及是否执行、执行人信息进行填写，并单击"完成并提交任务"按钮，如图3-60所示。

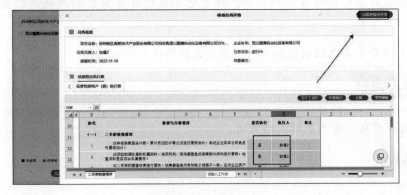

图3-60 填写内容

161

步骤5：放大题面并提交。此时界面中该项的状态栏中显示已完成，单击"任务提交"按钮，查看成绩，如图3-61所示。

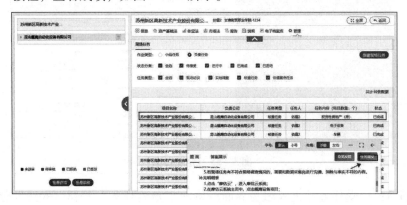

图3-61 提交任务

任务3-11 补充房屋建筑物明细表并核查房屋建筑物现场工作

任务场景

在完成项目现场工作后，离开项目现场前，项目小组成员需要对已完成的项目现场工作进行自我检查。

项目小组按照公司制定的核查分析程序，检查已完成的现场工作。其他项目小组成员的现场工作情况已发送至摩估云系统中。

任务目标

1. 通过对比公司核查分析程序，检查已完成的房屋建筑物现场工作是否符合要求。

2. 对不符合要求的数据和资料，需要在现场进行重新核实。

任务涉及岗位

项目经理岗、资产基础法测算岗。

任务要求

1. 项目经理岗在摩估云系统中检查房屋建筑物现场工作的完成情况。

2. 资产基础法测算岗在现场任务的基础上，完善房屋建筑物明细表。

3. 项目经理岗在摩估云系统中创建并完成房屋建筑物核查程序表。

任务实施

步骤1：依次单击"摩估云"、"舰鹰设备项目"、界面左侧"昆山舰鹰自动化设备有限公司"、界面右侧的"管理"进入任务操作界面，如图3-62所示。

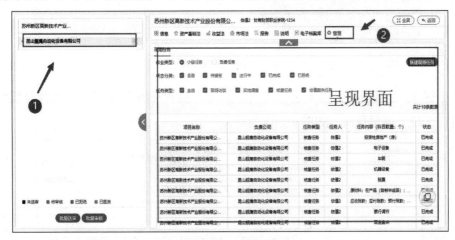

图3-62　进入操作界面

步骤2：单击上述界面的"新建现场任务"按钮并选择任务负责人和调查类型，根据任务要求调查类型选择"核查任务"。在跳出界面的核查程序执行表中选择房屋建筑物，并单击右上角的"分配"按钮，如图3-63、图3-64所示。返回界面后该项目的状态是进行中。

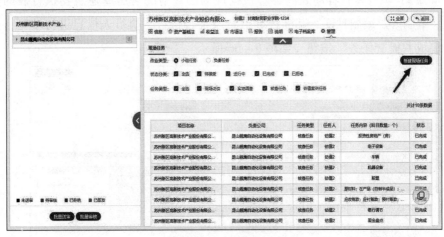

图3-63　新建现场任务

图3-64 分配任务

步骤3：接受任务并进入填写界面。单击"负责任务"按钮，并选择分配的任务名称，进入填写页面，如图3-65所示。

图3-65 接受任务

步骤4：填写核查程序表内容。根据现场勘查情况对房屋建筑物执行表的企业名称、编制人、编制日期、基准日等信息及是否执行、执行人信息进行填写，并单击"完成并提交任务"按钮，如图3-66所示。

图3-66 填写内容

步骤5：放大题面并提交。此时界面中该项的状态栏中显示已完成，单击"任务提交"按钮，查看成绩，如图3-67所示。

图3-67 提交任务

任务3-12 补充土地使用权明细表并核查土地使用权现场工作

任务场景

在完成项目现场工作后，离开项目现场前，项目小组成员需要对已完成的项目现场工作进行自我检查。

项目小组按照公司制定的核查分析程序，检查已完成的现场工作。其他项目小组成员的现场工作情况已发送至摩估云系统中。

任务目标

1. 通过对比公司核查分析程序，检查已完成的土地使用权现场工作是否符合要求。

2. 对不符合要求的数据和资料，需要在现场进行重新核实。

任务涉及岗位

项目经理岗、资产基础法测算岗。

任务要求

1. 项目经理岗在摩估云系统中检查土地使用权现场工作的完成情况。

2. 资产基础法测算岗在现场任务的基础上，完善土地使用权明细表。

3. 项目经理岗在摩估云系统中创建并完成土地使用权核查程序表。

任务实施

步骤1：依次单击"摩估云"、"舰鹰设备项目"、界面左侧"昆山舰鹰自动化设备有限公司"、界面右侧的"管理"进入任务操作界面，如图3-68所示。

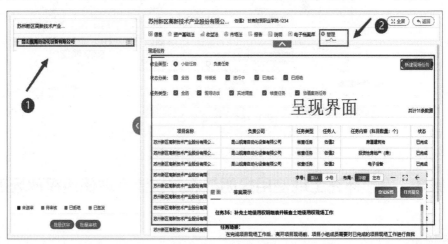

图3-68 进入操作界面

步骤2：单击上述界面的"新建现场任务"按钮并选择任务负责人和调查类型，根据任务要求调查类型选择"核查任务"。在跳出界面的核查程序执行表中选择无形资产-土地，并单击右上角的"分配"按钮，如图3-69、图3-70所示。返回界面后该项目的状态是进行中。

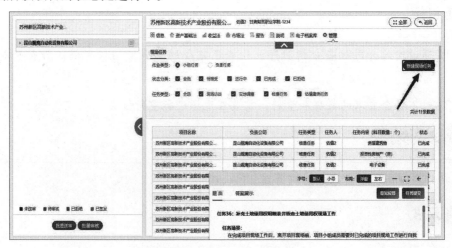

图3-69 新建现场任务

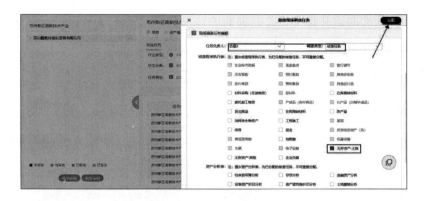

图3-70 分配任务

步骤3：接受任务并进入填写界面。单击"负责任务"按钮，并选择分配的任务名称，进入填写页面，如图3-71所示。

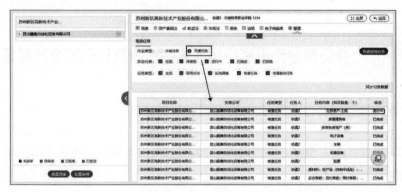

图3-71 接受任务

步骤4：填写核查程序表内容。根据现场勘查情况对无形资产-土地执行表的企业名称、编制人、编制日期、基准日等信息及是否执行、执行人信息进行填写，单击"完成并提交任务"按钮，如图3-72所示。

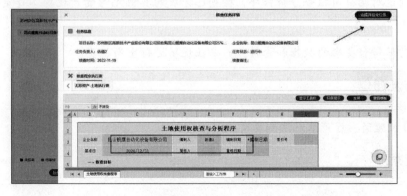

图3-72 填写内容

步骤5：放大题面并提交。此时界面中该项的状态栏中显示已完成，单击"任务提交"按钮，查看成绩，如图3-73所示。

图3-73 提交任务

任务3-13　补充其他无形资产明细表并核查其他无形资产现场工作

任务场景

在完成项目现场工作后，离开项目现场前，项目小组成员需要对已完成的项目现场工作进行自我检查。

项目小组按照公司制定的核查分析程序，检查已完成的现场工作。其他项目小组成员的现场工作情况已发送至摩估云系统中。

任务目标

1. 通过对比公司核查分析程序，检查已完成的其他无形资产现场工作是否符合要求。

2. 对不符合要求的数据和资料，需要在现场进行重新核实。

任务涉及岗位

项目经理岗、资产基础法测算岗。

任务要求

1. 项目经理岗在摩估云系统中检查其他无形资产现场工作的完成情况。

2. 资产基础法测算岗在现场任务的基础上,完善其他无形资产明细表。

3. 项目经理岗在摩估云系统中创建并完成其他无形资产核查程序表。

任务实施

步骤1:依次单击"摩估云"、"舰鹰设备项目"、界面左侧"昆山舰鹰自动化设备有限公司"、界面右侧的"管理"进入任务操作界面,如图3-74所示。

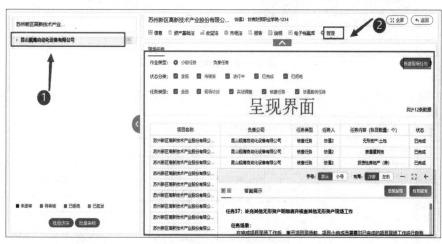

图3-74 进入操作界面

步骤2:单击上述界面的"新建现场任务"按钮并选择任务负责人和调查类型,根据任务要求调查类型选择"核查任务"。在跳出界面的核查程序执行表中选择无形资产-其他,并单击右上角的"分配"按钮,如图3-75、图3-76所示。返回界面后该项目的状态是进行中。

图3-75 新建现场任务

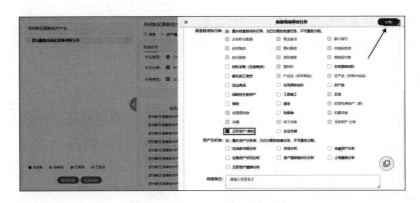

图 3-76　分配任务

步骤 3：接受任务并进入填写界面。单击"负责任务"按钮，并选择分配的任务名称，进入填写页面，如图 3-77 所示。

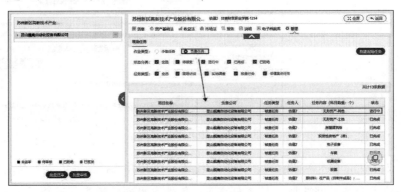

图 3-77　接受任务

步骤 4：填写核查程序表内容。根据现场勘查情况对无形资产-其他执行表的企业名称、编制人、编制日期、基准日等信息及是否执行、执行人信息进行填写，并单击"完成并提交任务"按钮，如图 3-78 所示。

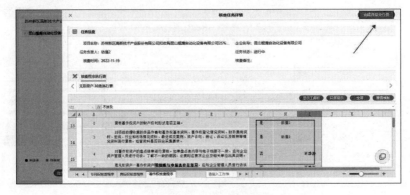

图 3-78　填写内容

步骤5：放大题面并提交。此时界面中该项的状态栏中显示已完成，单击"任务提交"按钮，查看成绩，如图3-79所示。

图3-79　提交任务

任务3-14　补充企业负债各项明细表并核查企业负债现场工作

任务场景

在完成项目现场工作后，离开项目现场前，项目小组成员需要对已完成的项目现场工作进行自我检查。

项目小组按照公司制定的核查分析程序，检查已完成的现场工作。其他项目小组成员的现场工作情况已发送至摩估云系统中。

任务目标

1. 通过对比公司核查分析程序，检查已采集的企业负债数据是否符合要求。
2. 对不符合要求的数据，需要在现场进行重新核查。

任务涉及岗位

项目经理岗、资产基础法测算岗。

任务要求

1. 项目经理岗在摩估云系统中检查企业负债采集现场工作的完成情况。
2. 资产基础法测算岗在现场任务的基础上，完善短期借款、应交税费、应付职工薪酬等3个明细表。

3. 项目经理岗在摩估云系统中创建并完成企业负债核查程序表。

任务实施

步骤1：依次单击"摩估云"、"舰鹰设备项目"、界面左侧"昆山舰鹰自动化设备有限公司"、界面右侧的"管理"进入任务操作界面，如图3-80所示。

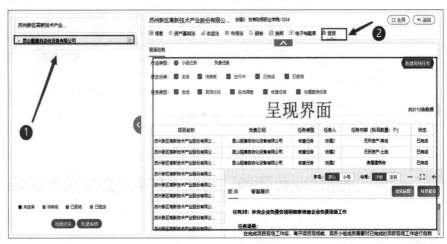

图3-80　进入操作界面

步骤2：单击上述界面的"新建现场任务"按钮并选择任务负责人和调查类型，根据任务要求调查类型选择"核查任务"。在跳出界面的核查程序执行表中选择企业负债，并单击右上角的"分配"按钮，如图3-81、图3-82所示。返回界面后该项目的状态是进行中。

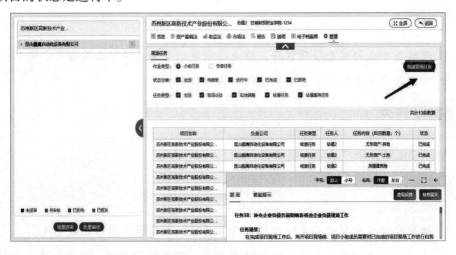

图3-81　新建现场任务

项目3 收集整理评估资料

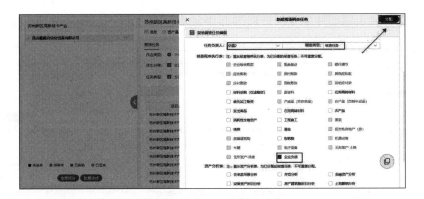

图3-82 分配任务

步骤3：接受任务并进入填写界面。单击"负责任务"按钮，并选择分配的任务名称，进入填写页面，如图3-83所示。

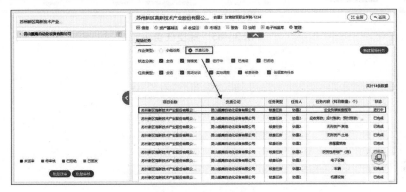

图3-83 接受任务

步骤4：填写核查程序表内容。根据现场勘查情况对企业负债执行表的企业名称、编制人、编制日期、基准日等信息及是否执行、执行人信息进行填写，并单击"完成并提交任务"按钮，如图3-84所示。

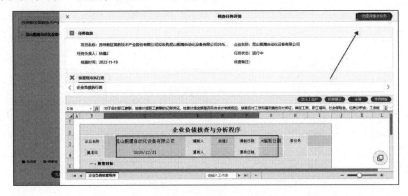

图3-84 填写内容

步骤5：放大题面并提交。此时界面中该项的状态栏中显示已完成，单击"任务提交"按钮，查看成绩，如图3-85所示。

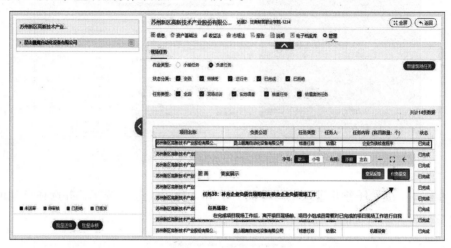

图3-85 提交任务

项目 4　评定估算形成结论

任务 4-1　计算企业货币资金的评估价值

任务场景

在完成项目现场工作后，项目小组成员需要根据现场核查情况，对评估对象涉及的范围一一进行评估，计算其评估价值，并最终汇总出三个评估方法的评估结论。与评估价值计算有关的价格数据已发送至摩估云系统中。

任务目标

1. 在货币资金的现场工作基础上，得出企业货币资金的评估价值。
2. 如果货币资金有评估增减值的情况，需要进一步分析评估增减值的原因及其合理性，为后期汇总资产基础法评估结论提供有关说明。

任务涉及岗位

资产基础法测算岗。

任务要求

在现场任务的基础上，在评估明细表中计算企业货币资金的评估价值。

任务实施

步骤 1：依次单击"摩估云"、"舰鹰设备项目"、界面左侧"昆山舰鹰自动化设备有限公司"，选择界面右侧的资产基础法进入任务操作界面，如图 4-1 所示。

图4-1 任务操作界面

步骤2：计算相应资产的评估价值。单击上述界面的"资产基础法"选项卡进入表格界面，计算补充现金的评估价值，如图4-2所示。

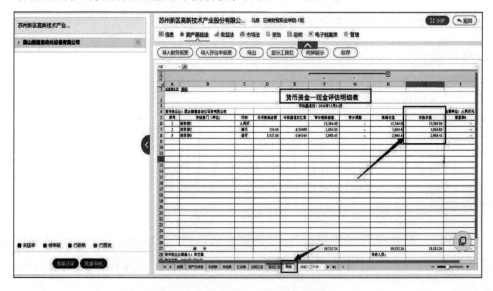

图4-2 货币资金-现金评估价值

步骤3：单击"资产基础法"选项卡进入表格界面，计算补充银行存款的评估价值，如图4-3所示。

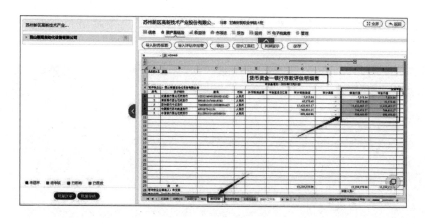

图4-3 货币资金-银行存款评估价值

步骤4：检查核对资产评估结果分类汇总表。根据之前填写的相应资产评估价值检查资产评估结果分类汇总表，如图4-4所示。

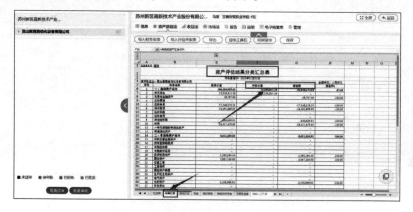

图4-4 检查资产评估结果分类汇总表

步骤5：单击"保存"按钮并提交该项任务，如图4-5所示。

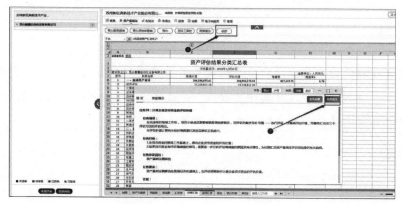

图4-5 保存并提交任务

步骤6：提交任务后查看该项任务得分并返回上一页继续进行下一个任务，如图4-6所示。

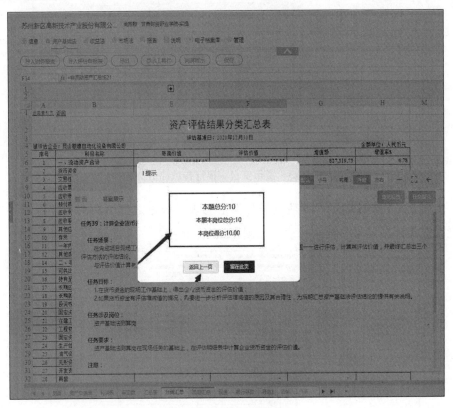

图4-6 查看任务得分

任务4-2 计算企业六个往来账款的评估价值

任务场景

在完成项目现场工作后，项目小组成员需要根据现场核查情况，对评估对象涉及的范围一一进行评估，计算其评估价值，并最终汇总出三个评估方法的评估结论。与评估价值计算有关的价格数据已发送至摩估云系统中。

任务目标

1. 在往来账款的现场工作基础上，得出企业应收账款、预付账款、其他应收款、应付账款、预收账款、其他应付款的评估价值。

2. 如果往来账款有评估增减值的情况，需要进一步分析评估增减值的原因及其合理性，为后期汇总资产基础法评估结论提供有关说明。

任务涉及岗位

资产基础法测算岗。

任务要求

资产基础法测算岗在现场任务的基础上，在评估明细表中分别计算企业应收账款、预付账款、其他应收款、应付账款、预收账款、其他应付款共6个科目的评估价值。

任务实施

步骤1：依次单击"摩估云"、"舰鹰设备项目"、界面左侧"昆山舰鹰自动化设备有限公司"，选择界面右侧的资产基础法进入任务操作界面，如图4-7所示。

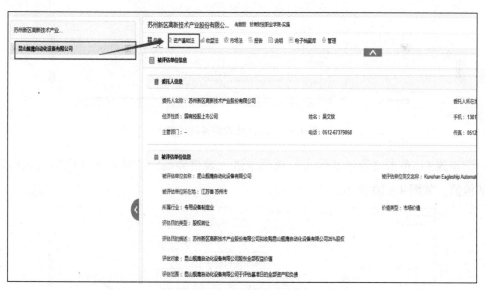

图4-7 任务操作界面

步骤2：单击"资产基础法"选项卡进入表格界面，计算企业应收账款的评估价值，如图4-8所示。

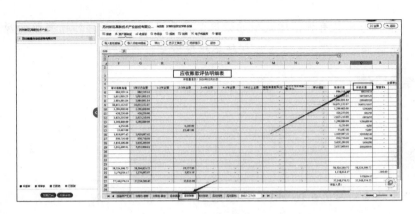

图 4-8　应收账款的评估价值

步骤 3：单击"资产基础法"选项卡进入表格界面，计算企业预付账款的评估价值，如图 4-9 所示。

图 4-9　预付账款的评估价值

步骤 4：单击"资产基础法"选项卡进入表格界面，计算企业其他应收款的评估价值，如图 4-10 所示。

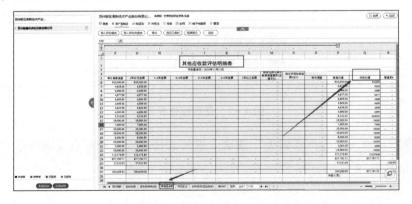

图 4-10　其他应收款的评估价值

步骤5：单击"资产基础法"选项卡进入表格界面，计算企业应付账款的评估价值，如图4-11所示。

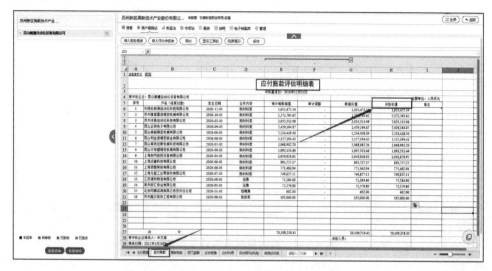

图4-11 应付账款的评估价值

步骤6：单击"资产基础法"选项卡进入表格界面，计算企业预收账款的评估价值，如图4-12所示。

图4-12 预收账款的评估价值

步骤7：单击"资产基础法"选项卡进入表格界面，计算企业其他应付款的评估价值，如图4-13所示。

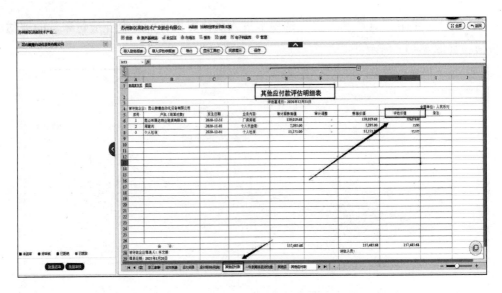

图4-13 其他应付款的评估价值

步骤8：单击"保存"按钮并提交该项任务，如图4-14所示。

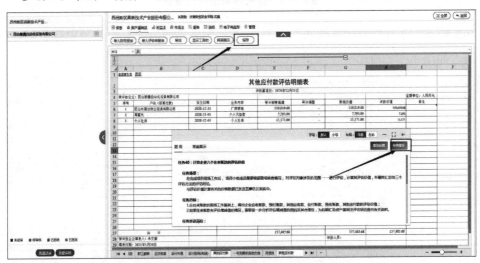

图4-14 保存并提交该项任务

步骤9：提交任务后查看该项任务得分并返回上一页继续进行下一个任务，如图4-15所示。

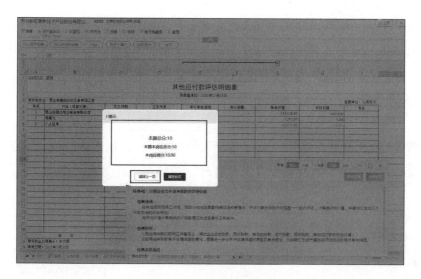

图4-15 查看任务得分

任务4-3 计算企业存货的评估价值

任务场景

在完成项目现场工作后，项目小组成员需要根据现场核查情况，对评估对象涉及的范围一一进行评估，计算其评估价值，并最终汇总出三个评估方法的评估结论。与评估价值计算有关的价格数据已发送至摩估云系统中。

任务目标

1. 在存货的现场工作基础上，得出企业原材料、在产品、产成品的评估价值。
2. 如果存货有评估增减值的情况，需要进一步分析评估增减值的原因及其合理性，为后期汇总资产基础法评估结论提供有关说明。

任务涉及岗位

项目经理岗、资产基础法测算岗。

任务要求

1. 项目经理岗在摩估云系统中对产成品明细表序号1的千斤顶总成56D011031创建存货估值案例分析任务。

2. 资产基础法测算岗在现场任务的基础上，完成存货估值案例分析任务。

3. 资产基础法测算岗根据现场任务和估值案例，在评估明细表中分别计算企业原材料、在产品、产成品共 3 个科目的评估价值。

任务实施

步骤 1：依次单击"摩估云"、"舰鹰设备项目"、界面左侧"昆山舰鹰自动化设备有限公司"按钮，选择界面右侧"管理"模块进入任务操作界面，如图 4-16 所示。

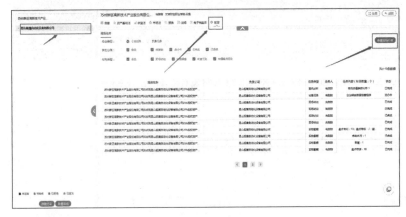

图 4-16 任务操作界面

步骤 2：单击"新建现场任务"按钮，然后选择任务负责人以及调查类型（估值案例任务），选择存货估值参数分析当中存货—产成品（库存商品）评估明细表中第一列数据，最后右击"确认选中"按钮并确定，如图 4-17、图 4-18 所示。

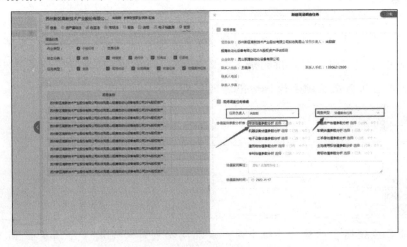

图 4-17 新建现场任务

项目4　评定估算形成结论

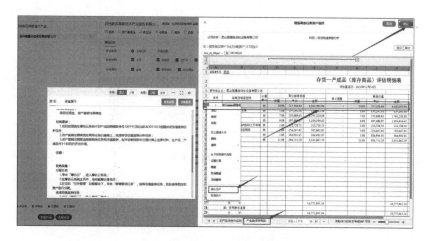

图4-18　选中数据并确定

步骤3：单击"分配"按钮，并确认分配本次调查任务，如图4-19所示。

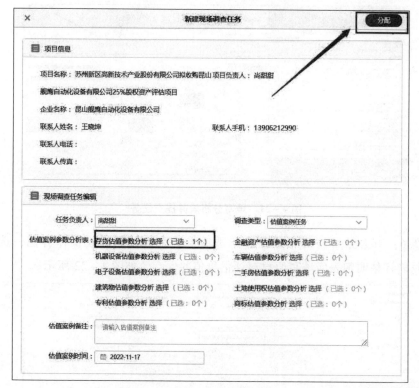

图4-19　分配任务

步骤4：单击"管理"选项卡，选择"负责任务"，然后单击选择存货估值参数分析任务，如图4-20所示。

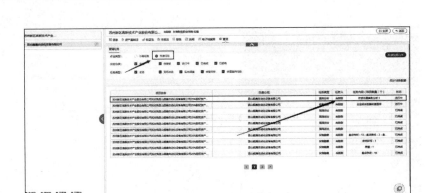

图 4-20　选择存货估值参数分析任务

步骤 5：进入"存货估值参数分析"任务页面，填写存货估值参数分析表后单击"完成并提交任务"按钮，然后单击"确定"按钮提交任务，如图 4-21 所示。

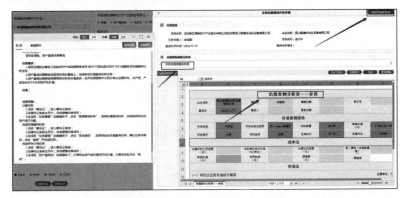

图 4-21　填写分析表并提交任务

步骤 6：单击界面"资产基础法"选项卡进入评估明细表操作界面，选择存货—原材料评估明细表后填写原材料评估价值并保存，如图 4-22 所示。

图 4-22　原材料的评估价值

步骤7：进入资产基础法"评估明细表"操作界面，单击"存货—在产品（自制半成品）评估明细表"按钮，填写在产品评估价值并保存，如图4-23所示。

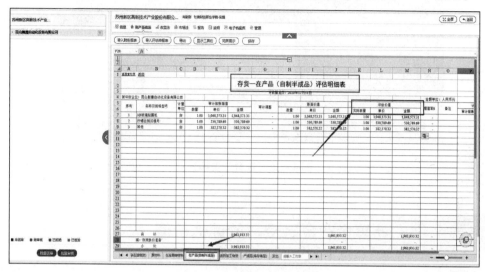

图4-23 在产品的评估价值

步骤8：进入资产基础法"评估明细表"操作界面，选择存货—产成品（库存商品）评估明细表填写产成品评估价值并保存，如图4-24所示。

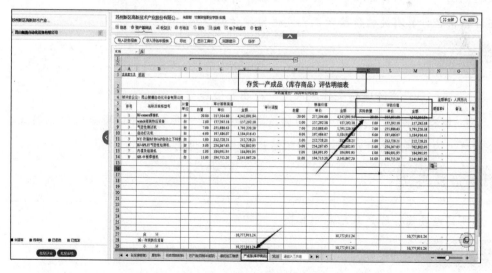

图4-24 产成品的评估价值

步骤9：保存提交任务后查看该项任务得分并返回上一页继续进行下一个任务，如图4-25所示。

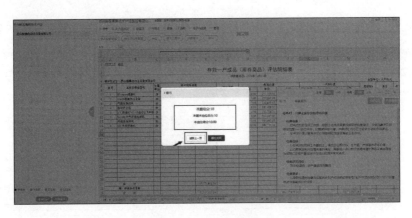

图 4-25 查看任务得分

任务 4-4　计算企业金融资产的评估价值

任务场景

在完成项目现场工作后，项目小组成员需要根据现场核查情况，对评估对象涉及的范围一一进行评估，计算其评估价值，并最终汇总出三个评估方法的评估结论。与评估价值计算有关的价格数据已发送至摩估云系统中。

任务目标

1. 在金融资产的现场工作基础上，得出企业股票投资的评估价值。
2. 如果金融资产有评估增减值的情况，需要进一步分析评估增减值的原因及其合理性，为后期汇总资产基础法评估结论提供有关说明。

任务涉及岗位

项目经理岗、资产基础法测算岗。

任务要求

1. 项目经理岗在摩估云系统中对宝钢股份股票创建金融资产估值参数分析任务。
2. 资产基础法测算岗在现场任务的基础上，完成金融资产估值案例分析任务。
3. 资产基础法测算岗根据现场任务和估值案例，在评估明细表中计算企业交易性金融资产—股票的评估价值。

项目4　评定估算形成结论

任务实施

步骤1：依次单击"摩估云"、"舰鹰设备项目"、界面左侧"昆山舰鹰自动化设备有限公司"按钮，选择界面右侧"管理"模块进入任务操作界面，如图4-26所示。

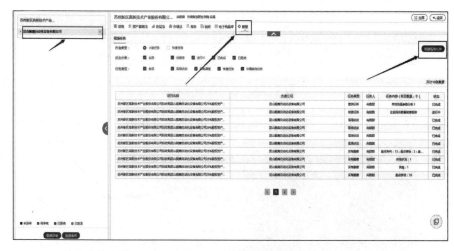

图4-26　任务操作界面

步骤2：单击"新建现场任务"按钮，然后选择任务负责人以及调查类型（估值案例任务），选择金融资产估值参数分析当中交易性金融资产—股票投资评估明细表中第一列数据（宝钢股份股票），最后右击"确认选中"按钮并确定，如图4-27、图4-28所示。

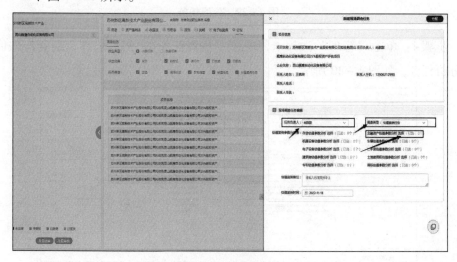

图4-27　新建现场任务

189

图4-28 选中数据并确定

步骤3：单击"分配"按钮，并确认分配本次调查任务，如图4-29所示。

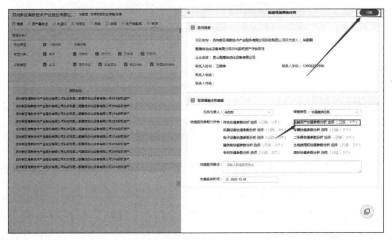

图4-29 分配任务

步骤4：单击"管理"选项卡，选择"负责任务"，然后选择金融资产估值参数分析任务，如图4-30所示。

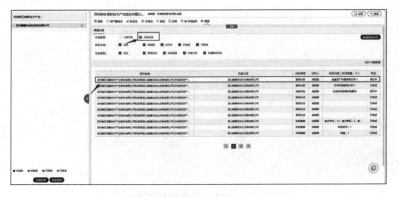

图4-30 选择金融资产估值参数分析任务

步骤5：进入"金融资产估值参数分析"任务页面，填写金融资产估值参数分析表后单击"完成并提交任务"按钮，然后单击"确定"按钮提交任务，如图4-31所示。

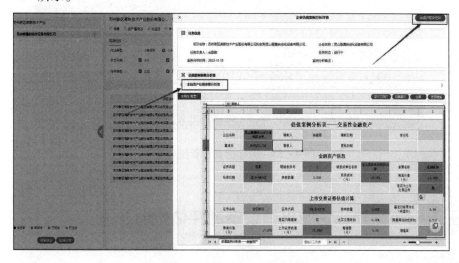

图4-31 填写分析表并提交任务

步骤6：单击界面"资产基础法"选项卡进入评估明细表操作界面，选择交易性金融资产—股票投资评估明细表后填写股票投资评估明细表相关数据并保存，如图4-32所示。

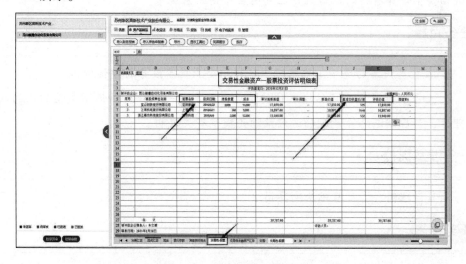

图4-32 股票投资的评估价值

步骤7：单击"保存"按钮提交任务后查看该项任务得分并返回上一页继续进行下一个任务，如图4-33所示。

图 4-33　保存提交查看任务得分

任务 4-5　计算企业机器设备的评估价值

任务场景

在完成项目现场工作后，项目小组成员需要根据现场核查情况，对评估对象涉及的范围一一进行评估，计算其评估价值，并最终汇总出三个评估方法的评估结论。与评估价值计算有关的价格数据已发送至摩估云系统中。

任务目标

1. 在机器设备的现场工作基础上，得出企业机器设备的评估价值。
2. 如果机器设备有评估增减值的情况，需要进一步分析评估增减值的原因及其合理性，为后期汇总资产基础法评估结论提供有关说明。

任务涉及岗位

项目经理岗、资产基础法测算岗。

任务要求

1. 项目经理岗在摩估云系统中对机器设备明细表序号 5 自动三坐标测量机创建机器设备估值参数分析任务。
2. 资产基础法测算岗在现场任务的基础上，完成机器设备估值案例分析任务。
3. 资产基础法测算岗根据现场任务和估值案例，在评估明细表中计算企业机器设备的评估价值。

任务实施

步骤1：依次单击"摩估云"、"舰鹰设备项目"、界面左侧"昆山舰鹰自动化设备有限公司"选项卡，选择界面右侧"管理"模块进入任务操作界面，如图4-34所示。

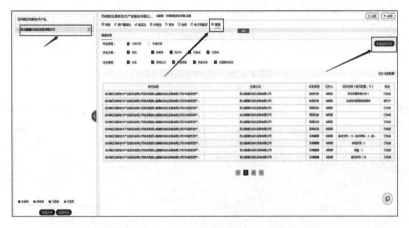

图4-34　任务操作界面

步骤2：单击"新建现场任务"按钮，然后选择任务负责人以及调查类型（估值案例任务），选择机器设备估值参数分析当中固定资产—机器设备评估明细表中序号5数据（自动三坐标测量机），最后右击"确认选中"按钮并确定，如图4-35、图4-36所示。

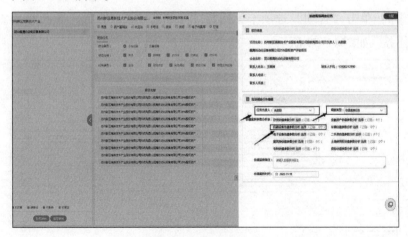

图4-35　新建现场任务

图4-36 选中数据并确定

步骤3：单击"分配"按钮，并确认分配本次调查任务，如图4-37所示。

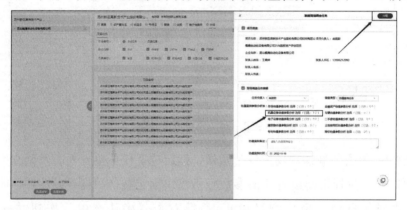

图4-37 分配任务

步骤4：单击"管理"选项卡，选择"负责任务"，然后选择机器设备估值参数分析任务，如图4-38所示。

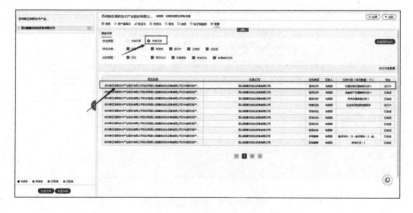

图4-38 选择机器设备估值参数分析任务

步骤5：进入"机器设备估值参数分析"任务页面，填写机器设备估值参数分析表后单击"完成并提交任务"按钮，然后单击"确定"按钮提交任务，如图4-39所示。

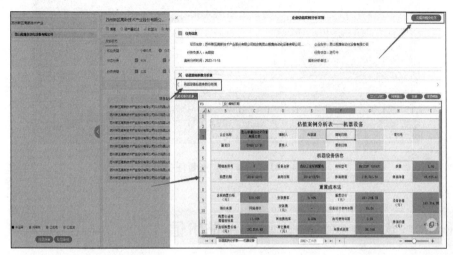

图 4-39　填写分析表并提交任务

步骤6：单击界面"资产基础法"选项卡进入评估明细表操作界面，选择固定资产—机器设备评估明细表后填写机器设备评估明细表中的评估价值并保存，如图4-40所示。

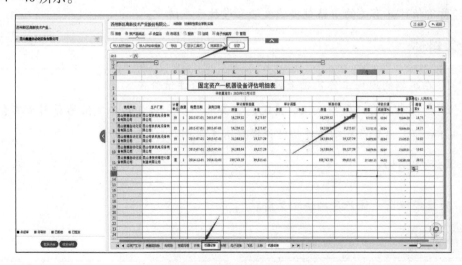

图 4-40　机器设备的评估价值

步骤7：单击"保存"按钮提交任务后查看该项任务得分并返回上一页继续进行下一个任务，如图4-41所示。

图4-41 保存提交查看任务得分

任务4-6 计算企业车辆的评估价值

任务场景

在完成项目现场工作后，项目小组成员需要根据现场核查情况，对评估对象涉及的范围——进行评估，计算其评估价值，并最终汇总出三个评估方法的评估结论。与评估价值计算有关的价格数据已发送至摩估云系统中。

任务目标

1. 在车辆的现场工作基础上得出企业车辆的评估价值。
2. 如果车辆有评估增减值的情况，需要进一步分析评估增减值的原因及其合理性，为后期汇总资产基础法评估结论提供有关说明。

任务涉及岗位

项目经理岗、资产基础法测算岗。

任务要求

1. 项目经理岗在摩估云系统中对车辆明细表序号1 苏 E549E3 路虎揽胜运动车辆创建车辆估值参数分析任务。
2. 资产基础法测算岗在现场任务的基础上，完成车辆估值案例分析任务。
3. 资产基础法测算岗根据现场任务和估值案例，在评估明细表中计算企业车辆的评估价值。

任务实施

步骤1：依次单击"摩估云"、"舰鹰设备项目"、界面左侧"昆山舰鹰自动化设备有限公司"按钮，选择界面右侧"管理"模块进入任务操作界面，如图4-42所示。

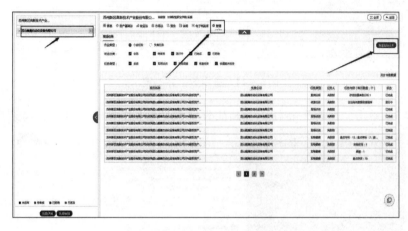

图4-42 任务操作界面

步骤2：单击"新建现场任务"按钮，然后选择任务负责人以及调查类型（估值案例任务），选择车辆估值参数分析当中固定资产—车辆明细表的序号1数据（苏E549E3 路虎揽胜运动车辆），最后右击"确认选中"按钮并确定，如图4-43、图4-44所示。

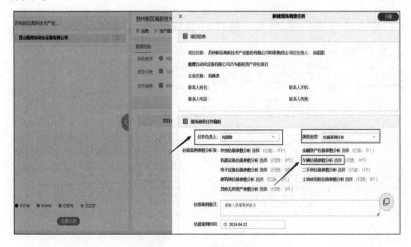

图4-43 新建现场任务

图4-44 选中数据并确定

步骤3：单击"分配"按钮，并确认分配本次调查任务单，如图4-45所示。

图4-45 分配任务

步骤4：单击"管理"选项卡，选择"负责任务"，然后选择车辆估值参数分析任务，如图4-46所示。

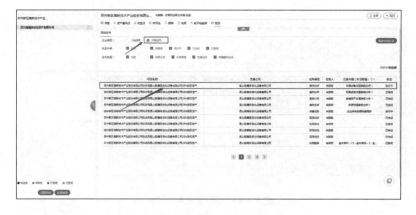

图4-46 选择车辆估值参数分析任务

步骤5：进入"车辆估值参数分析"任务页面，填写车辆估值参数分析表后单击"完成并提交任务"按钮，然后单击"确定"按钮提交任务，如图4-47所示。

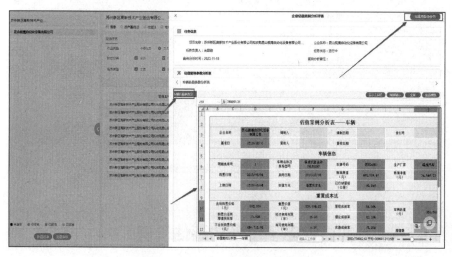

图4-47 填写分析表并提交任务

步骤6：单击界面"资产基础法"选项卡进入评估明细表操作界面，选择固定资产—车辆评估明细表后填写车辆评估明细表中的评估价值并保存，如图4-48所示。

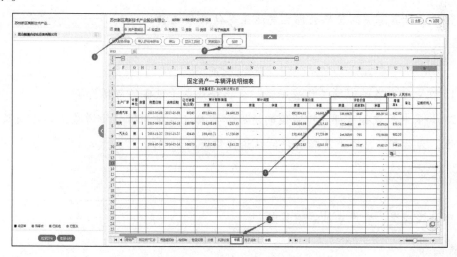

图4-48 车辆的评估价值

步骤7：单击"保存"按钮提交任务后查看该项任务得分并返回上一页继续进行下一个任务，如图4-49所示。

图 4-49 保存提交查看任务得分

任务 4-7 计算企业电子设备的评估价值

任务场景

在完成项目现场工作后，项目小组成员需要根据现场核查情况，对评估对象涉及的范围一一进行评估，计算其评估价值，并最终汇总出三个评估方法的评估结论。与评估价值计算有关的价格数据已发送至摩估云系统中。

任务目标

1. 在电子设备的现场工作基础上，得出企业电子设备的评估价值。

2. 如果电子设备有评估增减值的情况，需要进一步分析评估增减值的原因及其合理性，为后期汇总资产基础法评估结论提供有关说明。

任务涉及岗位

项目经理岗、资产基础法测算岗。

任务要求

1. 项目经理岗在摩估云系统中对电子设备明细表序号 5 自动三坐标测量机创建电子设备估值参数分析任务。

2. 资产基础法测算岗在现场任务的基础上，完成电子设备估值案例分析任务。

项目4 评定估算形成结论

3. 资产基础法测算岗根据现场任务和估值案例，在评估明细表中计算企业电子设备的评估价值。

任务实施

步骤1：依次单击"摩估云"、"舰鹰设备项目"、界面左侧"昆山舰鹰自动化设备有限公司"按钮，选择界面右侧"管理"模块进入任务操作界面，如图4-50所示。

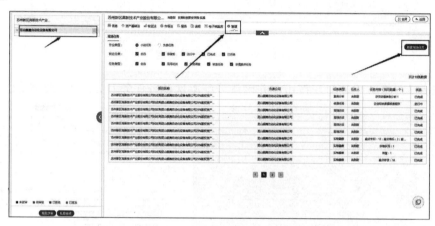

图4-50 任务操作界面

步骤2：单击"新建现场任务"按钮，然后选择任务负责人以及调查类型（估值案例任务），选择电子设备估值参数分析当中固定资产—电子设备评估明细表的序号5数据（DELL工作站），最后右击"确认选中"按钮并确定，如图4-51、图4-52所示。

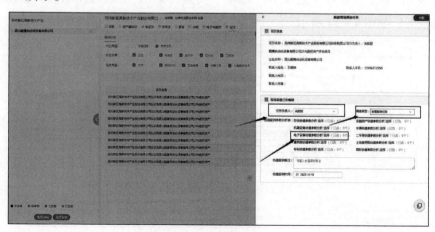

图4-51 新建现场任务

201

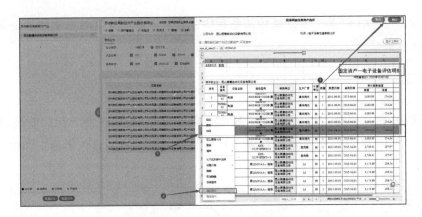

图 4-52 选中数据并确定

步骤 3：单击"分配"按钮，并确认分配本次调查任务，如图 4-53 所示。

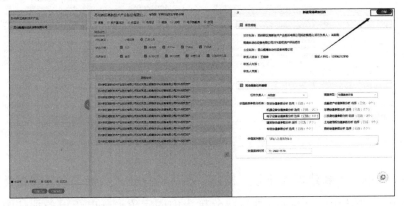

图 4-53 分配任务

步骤 4：单击"管理"选项卡，选择"负责任务"，然后选择电子设备估值参数分析任务，如图 4-54 所示。

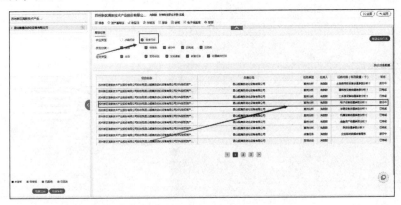

图 4-54 选择电子设备估值参数分析任务

步骤5：进入"电子设备估值参数分析"任务页面，填写电子设备估值参数分析表后单击"完成并提交任务"按钮，然后单击"确定"按钮提交任务，如图4-55所示。

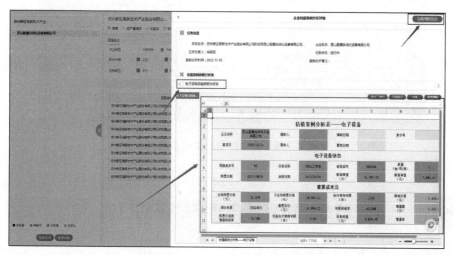

图4-55　填写分析表并提交任务

步骤6：单击界面"资产基础法"选项卡进入评估明细表操作界面，选择固定资产—电子设备评估明细表后填写电子设备估明细表中的评估价值并保存，如图4-56所示。

图4-56　电子设备的评估价值

步骤7：单击"保存"按钮提交任务后查看该项任务得分并返回上一页继续进行下一个任务，如图4-57所示。

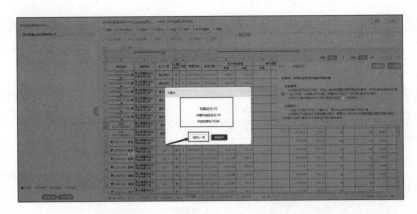

图 4-57　保存提交查看任务得分

任务 4-8　计算企业投资性房地产的评估价值

任务场景

在完成项目现场工作后，项目小组成员需要根据现场核查情况，对评估对象涉及的范围一一进行评估，计算其评估价值，并最终汇总出三个评估方法的评估结论。与评估价值计算有关的价格数据已发送至摩估云系统中。

任务目标

1. 在投资性房地产的现场工作基础上，得出企业投资性房地产的评估价值。

2. 如果投资性房地产有评估增减值的情况，需要进一步分析评估增减值的原因及其合理性，为后期汇总资产基础法评估结论提供有关说明。

任务涉及岗位

项目经理岗、资产基础法测算岗。

任务要求

1. 项目经理岗在摩估云系统中对投资性房地产明细表序号 1 嘉亭菁苑二手房创建投资性房地产估值参数分析任务。

2. 资产基础法测算岗在现场任务的基础上，完成投资性房地产估值案例分析任务。

3. 资产基础法测算岗根据现场任务和估值案例，在评估明细表中计算企业投资性房地产的评估价值。

任务实施

步骤1：依次单击"摩估云"、"舰鹰设备项目"、界面左侧"昆山舰鹰自动化设备有限公司"按钮，选择界面右侧"管理"模块进入任务操作界面，如图4-58所示。

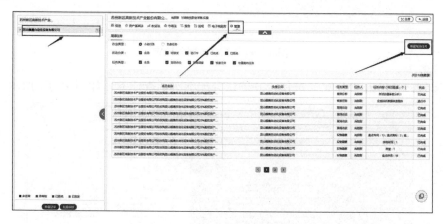

图4-58　任务操作界面

步骤2：单击"新建现场任务"按钮，然后选择任务负责人以及调查类型（估值案例任务），选择二手房估值参数分析当中投资性房地产—房屋评估明细表的序号1数据（嘉亭菁苑二手房），最后右击"确认选中"按钮并确定，如图4-59、图4-60所示。

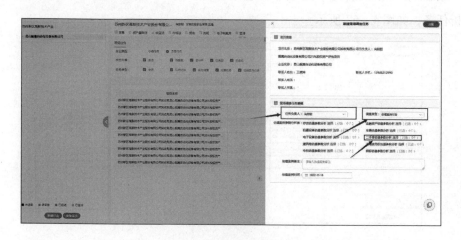

图4-59　新建现场任务

图 4-60 选中数据并确定

步骤 3：单击"分配"按钮，并确认分配本次调查任务，如图 4-61 所示。

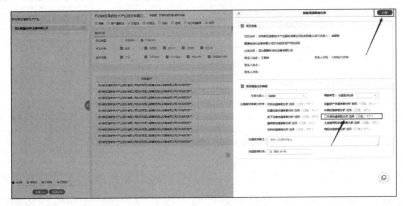

图 4-61 分配任务

步骤 4：单击"管理"选项卡，选择"负责任务"，然后选择二手房估值参数分析任务，如图 4-62 所示。

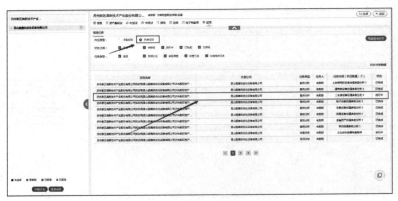

图 4-62 选择二手房估值参数分析任务

项目4　评定估算形成结论

步骤5：进入"二手房估值参数分析"任务页面，填写二手房估值参数分析表后单击"完成并提交任务"按钮，然后单击"确定"按钮提交任务，如图4-63所示。

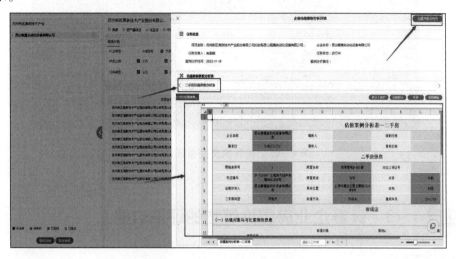

图4-63　填写分析表并提交任务

步骤6：单击界面"资产基础法"选项卡进入评估明细表操作界面，选择投资性房地产—房屋评估明细表后填写房屋估明细表中的评估价值并保存，如图4-64所示。

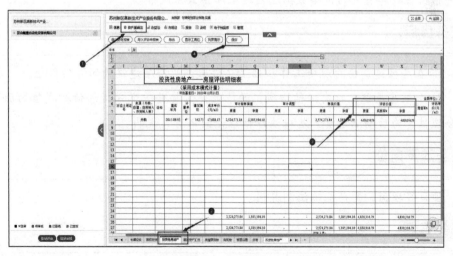

图4-64　房屋的评估价值

步骤7：单击"保存"按钮提交任务后查看该项任务得分并返回上一页继续进行下一个任务，如图4-65所示。

图 4-65　保存提交查看任务得分

任务 4-9　计算企业房屋建筑物的评估价值

任务场景

在完成项目现场工作后，项目小组成员需要根据现场核查情况，对评估对象涉及的范围——进行评估，计算其评估价值，并最终汇总出三个评估方法的评估结论。与评估价值计算有关的价格数据已发送至摩估云系统中。

任务目标

1. 在房屋建筑物的现场工作基础上，得出企业房屋建筑物的评估价值。
2. 如果房屋建筑物有评估增减值的情况，需要进一步分析评估增减值的原因及其合理性，为后期汇总资产基础法评估结论提供有关说明。

任务涉及岗位

项目经理岗、资产基础法测算岗。

任务要求

1. 项目经理岗在摩估云系统中对房屋建筑物明细表序号 1 办公楼创建房屋建筑物估值参数分析任务。
2. 资产基础法测算岗在现场任务的基础上，完成房屋建筑物估值案例分析任务。

3. 资产基础法测算岗根据现场任务和估值案例，在评估明细表中计算企业房屋建筑物的评估价值。

任务实施

步骤1：依次单击"摩估云"、"舰鹰设备项目"、界面左侧"昆山舰鹰自动化设备有限公司"按钮，选择界面右侧"管理"模块进入任务操作界面，如图4-66所示。

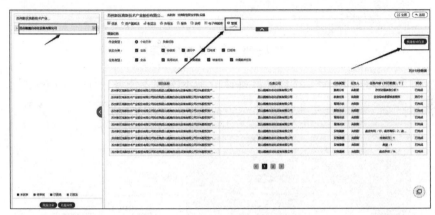

图4-66 任务操作界面

步骤2：单击"新建现场任务"按钮，然后选择任务负责人以及调查类型（估值案例任务），选择建筑物估值参数分析当中固定资产—房屋建筑物评估明细表的序号1数据（办公楼），最后右击"确认选中"按钮并确定，如图4-67、图4-68所示。

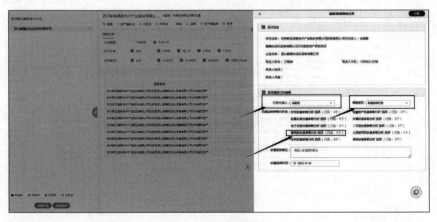

图4-67 新建现场任务

209

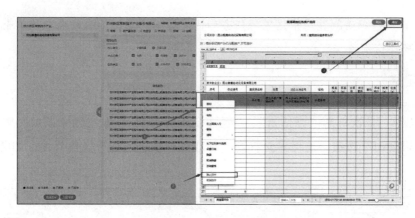

图4-68 选中数据并确定

步骤3：单击"分配"按钮，并确认分配本次调查任务，如图4-69所示。

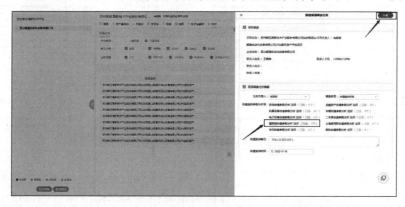

图4-69 分配任务

步骤4：单击"管理"选项卡，选择"负责任务"，然后选择建筑物设备估值参数分析任务，如图4-70所示。

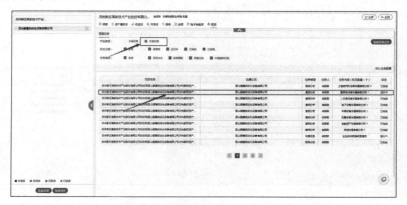

图4-70 选择建筑物估值参数分析任务

步骤5：进入"建筑物估值参数分析"任务页面，填写建筑物估值参数分析表后单击"完成并提交任务"按钮，然后单击"确定"按钮提交任务，如图4-71所示。

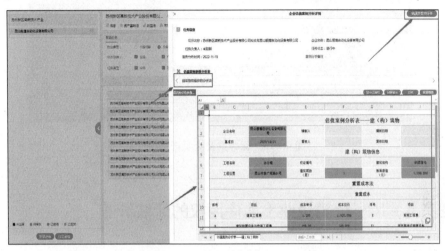

图4-71　填写分析表并提交任务

步骤6：单击界面"资产基础法"选项卡进入评估明细表操作界面，选择固定资产—房屋建筑物评估明细表后填写房屋建筑物估明细表中的评估价值并保存，如图4-72所示。

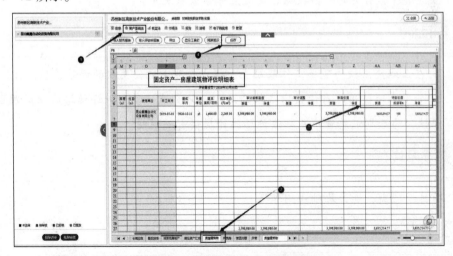

图4-72　房屋建筑物的评估价值

步骤7：单击"保存"按钮提交任务后查看该项任务得分并返回上一页继续进行下一个任务，如图4-73所示。

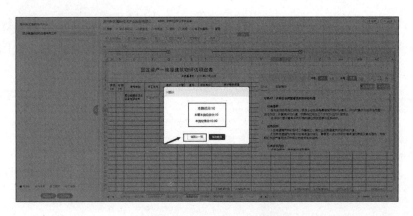

图 4-73　保存提交查看任务得分

任务 4-10　计算企业土地使用权的评估价值

任务场景

在完成项目现场工作后，项目小组成员需要根据现场核查情况，对评估对象涉及的范围一一进行评估，计算其评估价值，并最终汇总出三个评估方法的评估结论。与评估价值计算有关的价格数据已发送至摩估云系统中。

任务目标

1. 在土地使用权的现场工作基础上，得出企业土地使用权的评估价值。

2. 如果土地使用权有评估增减值的情况，需要进一步分析评估增减值的原因及其合理性，为后期汇总资产基础法评估结论提供有关说明。

任务涉及岗位

项目经理岗、资产基础法测算岗。

任务要求

1. 项目经理岗在摩估云系统中对土地使用权明细表序号 1 昆山市季广南路宗地创建土地使用权估值参数分析任务。

2. 资产基础法测算岗在现场任务的基础上，完成土地使用权估值案例分析任务。

3. 资产基础法测算岗根据现场任务和估值案例，在评估明细表中计算企业土地使用权的评估价值。

任务实施

分配任务

步骤1：单击"摩估云"按钮，进入摩估云系统；在摩估云系统主页中单击左侧"昆山舰鹰自动化设备有限公司"按钮，如图4-74所示。

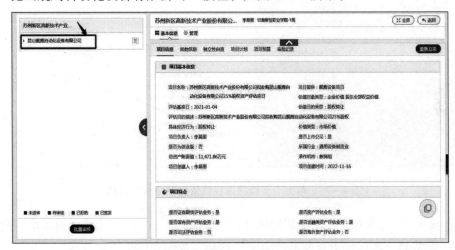

图4-74 进入摩估云系统

步骤2：在项目"管理"功能模块下，选"团队任务"，单击"新建现场任务"按钮，如图4-75所示。

图4-75 新建现场任务

步骤3：在项目"管理"功能模块下单击"土地使用权估值参数分析"按钮，如图4-76所示。

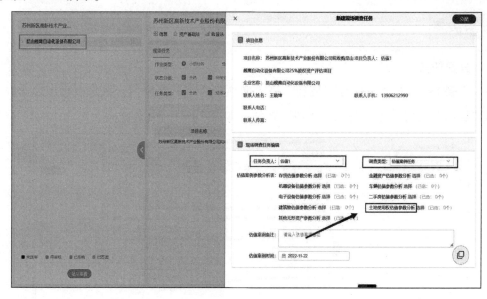

图4-76　单击"土地使用权估值参数分析"按钮

步骤4：在无形资产—土地使用权评估明细表中，右击序号1"昆山市季广南路66号"的行号，确认选中后单击"确定"按钮，如图4-77所示。

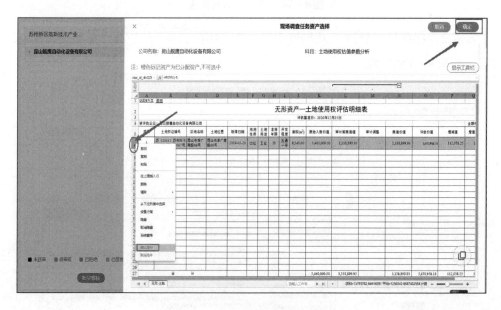

图4-77　现场调查任务资产选择

步骤5：单击"分配"按钮，如图4-78所示。

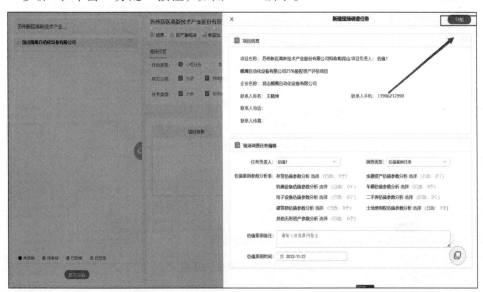

图4-78　分配调查任务

步骤6：单击"确认分配"按钮，如图4-79所示。

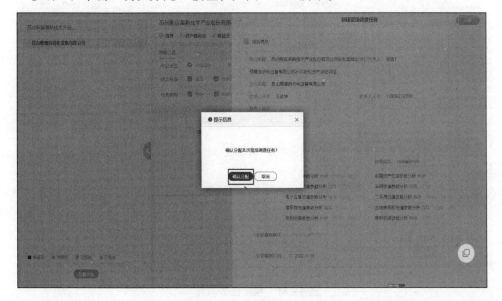

图4-79　确认分配调查任务

完成估值案例任务

步骤1：单击"摩估云"按钮，进入摩估云系统；在摩估云系统主页中，单击左侧"昆山舰鹰自动化设备有限公司"按钮，如图4-80所示。

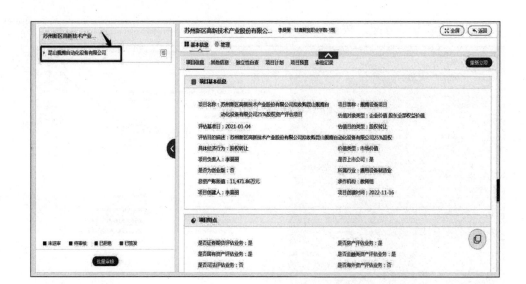

图 4-80　进入摩估云系统

步骤 2：在项目"管理"功能模块下单击"负责任务"按钮，单击"土地使用权设备估值参数分析"按钮确定任务内容，如图 4-81 所示。

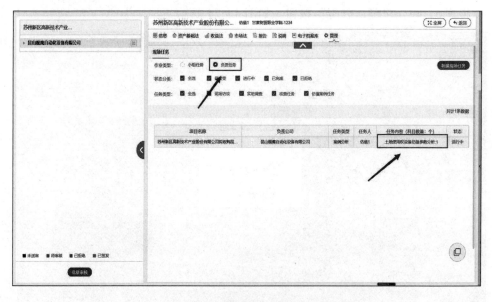

图 4-81　确定任务内容

步骤 3：进入估值案例分析表"土地估值参数分析表"任务内容，填写完成并单击"完成并提交任务"按钮，如图 4-82 所示。

项目4 评定估算形成结论

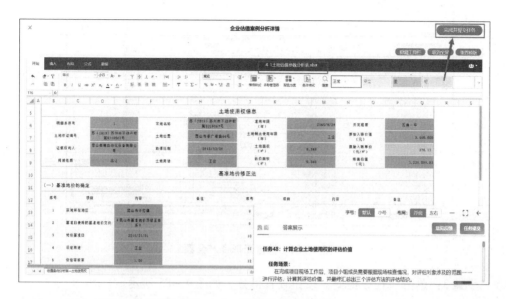

图4-82 土地估值案例分析详情

完成评估计算任务

步骤1：单击"摩估云"按钮，进入摩估云系统；在摩估云系统主页中，单击左侧"昆山舰鹰自动化设备有限公司"按钮，在项目"资产基础法"功能模块下，计算土地使用权的评估价值，填写后单击"保存"按钮，如图4-83所示。

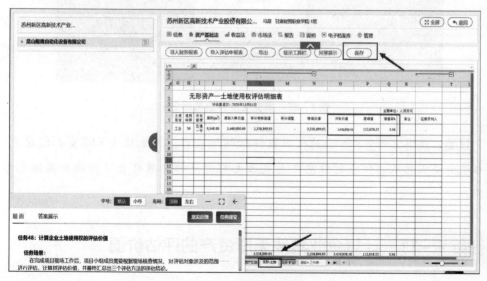

图4-83 计算土地使用权的评估价值

步骤2：核查"分类汇总表"上无形资产的金额（自动生成），如图4-84所示。

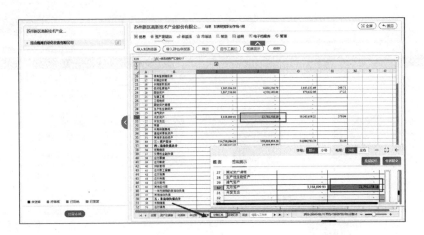

图 4-84　核查无形资产金额

步骤 3：单击"任务提交"按钮查看得分，如图 4-85 所示。

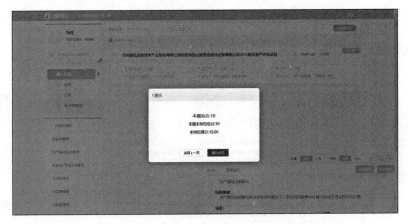

图 4-85　提交任务并查看得分

注意：填写无形资产——土地使用权评估明细表后，可先核查无形资产汇总表，再核查分类汇总表。核查时注意汇总表上无形资产的金额包含了土地和其他无形资产。

任务 4-11　计算企业其他无形资产的评估价值

任务场景

在完成项目现场工作后，项目小组成员需要根据现场核查情况，对评估对象涉及的范围一一进行评估，计算其评估价值，并最终汇总出三个评估方法的评估结论。

项目4 评定估算形成结论

与评估价值计算有关的价格数据已发送至摩估云系统中。

任务目标

1. 在其他无形资产的现场工作基础上,得出企业其他无形资产的评估价值。

2. 如果其他无形资产有评估增减值的情况,需要进一步分析评估增减值的原因及其合理性,为后期汇总资产基础法评估结论提供有关说明。

任务涉及岗位

项目经理岗、资产基础法测算岗。

任务要求

1. 项目经理岗在摩估云系统中对其他无形资产明细表创建其他无形资产估值参数分析任务。

2. 资产基础法测算岗在现场任务的基础上,完成整体其他无形资产估值案例分析任务。

3. 资产基础法测算岗根据现场任务和估值案例,在评估明细表中计算企业其他无形资产的评估价值。

任务实施

分配任务

步骤1:单击"摩估云"按钮,进入摩估云系统;在摩估云系统主页中单击左侧"昆山舰鹰自动化设备有限公司"按钮,如图4-86所示。

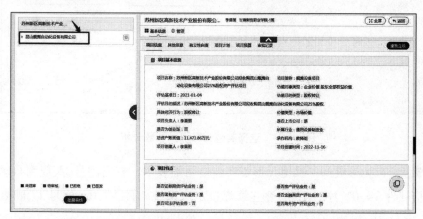

图4-86 进入摩估云系统

步骤2：在项目"管理"功能模块下单击"新建现场任务"按钮，如图4-87所示。

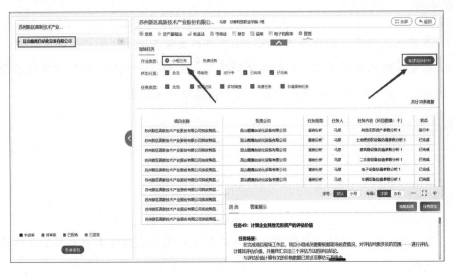

图4-87 单击"新建现场任务"按钮

步骤3：在项目"管理"功能模块下单击"其他无形资产参数分析"按钮，如图4-88所示。

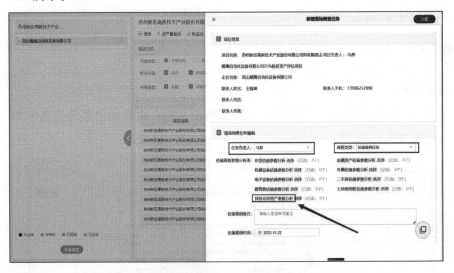

图4-88 选择其他无形资产参数分析

步骤4：在无形资产—其他无形资产评估明细表中，右击序号15舰鹰自动焊接定位分析软件V1.0、序号16舰鹰连续焊接定位系统软件V1.0、序号17舰鹰（含图片）、序号18舰鹰（仅文字）的行号，确认选中后单击"确定"按钮，如

图4-89所示。

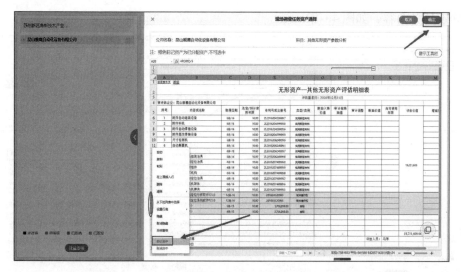

图4-89 现场调查任务资产选择

步骤5：单击"分配"按钮，继续单击"确认分配"按钮分配本次现场调查任务，如图4-90所示。

图4-90 分配现场调查任务

完成估值案例任务

步骤1：单击"摩估云"按钮，进入摩估云系统；在摩估云系统主页中单击左侧"昆山舰鹰自动化设备有限公司"按钮，在项目"管理"功能模块下，单击"负责任务"按钮，选择相应的估值案例并完成任务。

步骤2：在项目"负责任务"功能模块下，单击"其他无形资产参数分析"按钮确定任务内容，如图4-91所示。

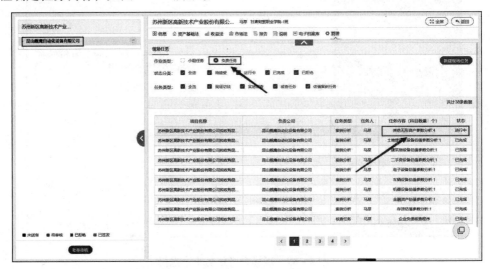

图4-91 其他无形资产参数分析

步骤3：进入"其他无形资产参数分析表"任务界面，填写"其他无形资产"，如图4-92所示。

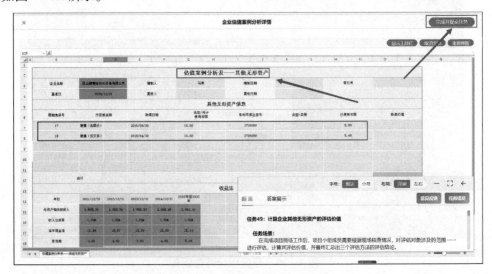

图4-92 其他无形资产估值分析

步骤4：进入"其他无形资产参数分析表"任务界面，填写"其他无形资产——专利权"并单击"完成并提交任务"按钮，如图4-93所示。

项目4 评定估算形成结论

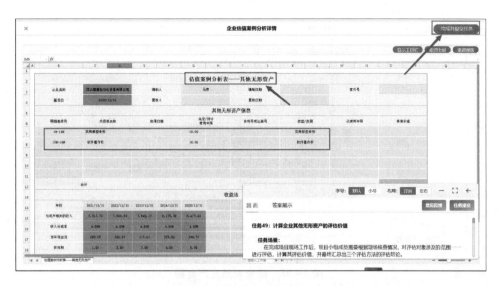

图4-93 专利权估值分析

完成评估计算任务

步骤1：单击"摩估云"按钮，进入摩估云系统；在摩估云系统主页中单击左侧"昆山舰鹰自动化设备有限公司"按钮，在项目"资产基础法"功能模块下计算其他无形资产的评估价值，然后单击"保存"按钮，如图4-94所示。

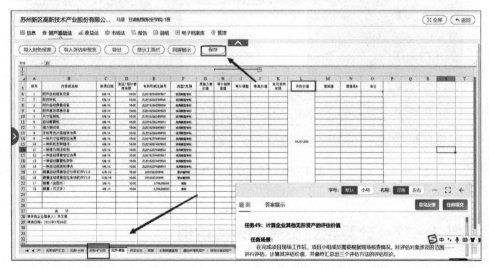

图4-94 资产基础法

步骤2：核查"分类汇总表"上无形资产的金额（自动生成），如图4-95所示。

223

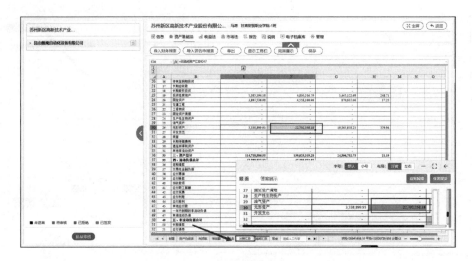

图 4-95 核查无形资产金额

步骤 3：单击"任务提交"按钮并查看得分，如图 4-96 所示。

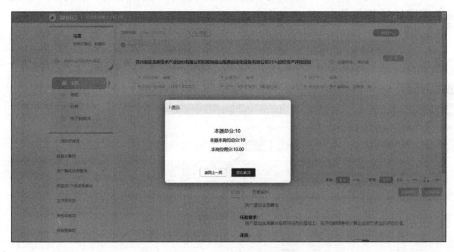

图 4-96 提交任务并查看得分

任务 4-12 计算企业负债的评估价值

任务场景

在完成项目现场工作后，项目小组成员需要根据现场核查情况，对评估对象涉及的范围一一进行评估，计算其评估价值，并最终汇总出三个评估方法的评估结论。与评估价值计算有关的价格数据已发送至摩估云系统中。

任务目标

1. 在企业负债的现场工作基础上，得出企业短期借款、应交税费、应付职工薪酬共3个科目的评估价值。

2. 如果企业负债有评估增减值的情况，需要进一步分析评估增减值的原因及其合理性，为后期汇总资产基础法评估结论提供有关说明。

任务涉及岗位

资产基础法测算岗。

任务要求

在现场任务的基础上，在评估明细表中分别计算企业短期借款、应交税费、应付职工薪酬共三个科目的评估价值。

任务实施

步骤1：单击题面下方"摩估云"按钮，进入摩估云系统；在摩估云系统主页中单击左侧"昆山舰鹰自动化设备有限公司"按钮，如图4-97所示。

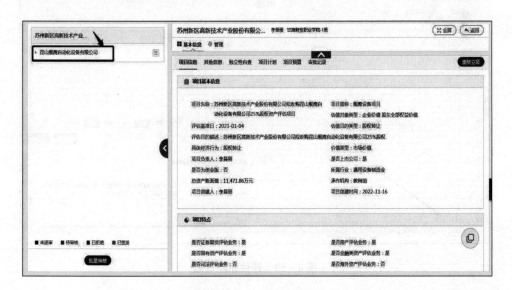

图4-97 进入摩估云系统

步骤2：单击右侧"资产基础法"选项卡进入功能模块，如图4-98所示。

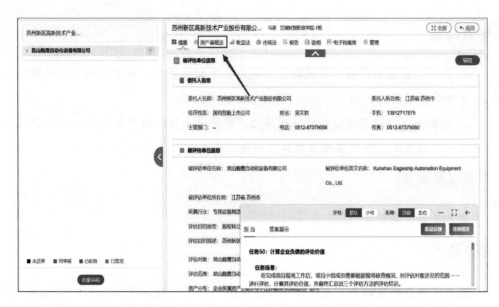

图4-98 进入"资产基础法"功能模块

步骤3：在项目"资产基础法"功能模块下计算短期借款的评估价值，然后单击"保存"按钮，如图4-99所示。

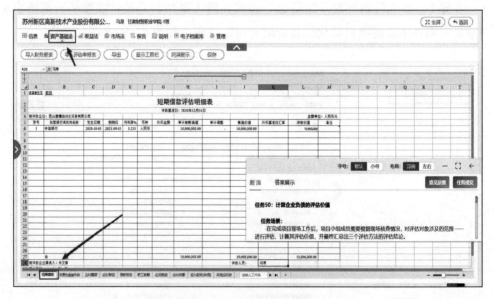

图4-99 评估短期借款

步骤4：在项目"资产基础法"功能模块下计算应交税费的评估价值，然后单击"保存"按钮，如图4-100所示。

项目4　评定估算形成结论

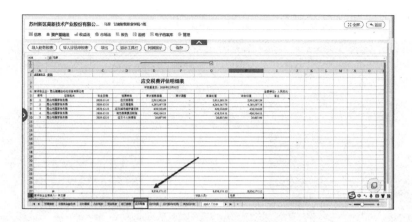

图 4-100　评估应交税费

步骤5：在项目"资产基础法"功能模块下计算应付职工薪酬的评估价值，然后单击"保存"按钮，如图 4-101 所示。

图 4-101　评估应付职工薪酬

步骤6：保存后核查分类汇总表上相关数据，如图 4-102 所示。

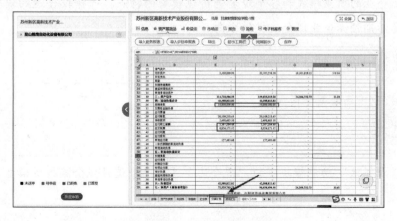

图 4-102　核查相关数据

步骤 7：单击"任务提交"按钮并查看得分，如图 4-103 所示。

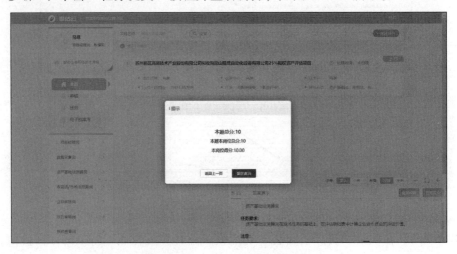

图 4-103　提交任务并查看得分

任务 4-13　根据企业特点选择合适的现金流折现模型

任务场景

在完成项目现场工作后，项目小组成员需要根据现场核查情况，对评估对象涉及的范围一一进行评估，计算其评估价值，并最终汇总出三个评估方法的评估结论。与评估价值计算有关的资料已发送至摩估云系统中。

任务目标

根据企业的商业模式和各个现金流折现模型的特点，选择较合适的现金流折现模型，为后期预测企业现金流提供方向。

任务涉及岗位

收益法/市场法测算岗。

任务要求

在"收益法"功能模块下的"现金流"工作表中选择现金流折现模型。

任务实施

步骤1：单击"摩估云"按钮，进入摩估云系统；在摩估云系统主页中单击左侧"昆山舰鹰自动化设备有限公司"按钮，如图4-104所示。

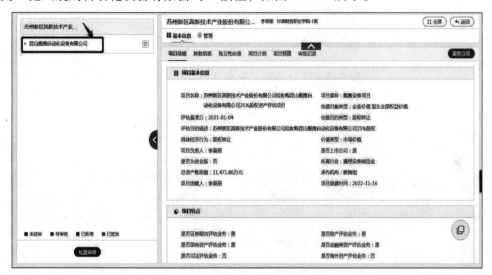

图4-104 进入摩估云系统

步骤2：在项目功能模块单击"收益法"选项卡，如图4-105所示。

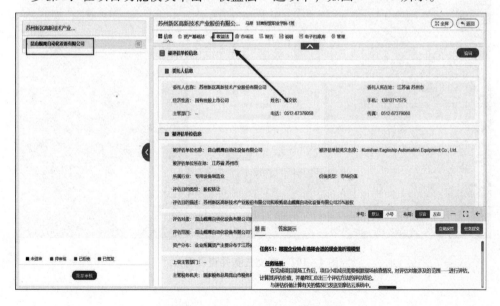

图4-105 进入"收益法"功能模块

步骤3：在项目"收益法"功能模块"现金流"工作表中，左上角选择"企业自由现金流折现模型"并单击"保存"按钮,如图4-106所示。

图4-106 测算企业现金流

步骤4:单击"任务提交"按钮并查看得分,如图4-107所示。

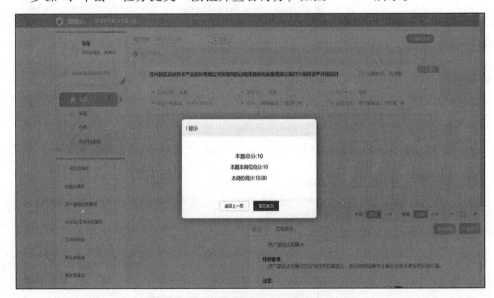

图4-107 提交任务并查看得分

项目 5 完成预测和计算各项财务指标

任务 5-1 完成企业营业收入和成本的预测

任务场景

在完成项目现场工作后,项目小组成员需要根据现场核查情况,对评估对象涉及的范围一一进行评估,计算其评估价值,并最终汇总出三个评估方法的评估结论。与评估价值计算有关的资料已发送至摩估云系统中。

任务目标

根据企业所在行业的经营特点、被评估单位的商业模式以及企业访谈内容,预测企业的营业收入和营业成本,进一步推算出企业现金流。

任务涉及岗位

收益法/市场法测算岗。

任务要求

在"收益法"功能模块下的"收入和成本"工作表中完成营业收入和营业成本的预测。

任务实施

步骤1:单击"摩估云"按钮,进入摩估云系统;在摩估云系统主页中单击左侧"昆山舰鹰自动化设备有限公司"按钮,如图5-1所示。

图 5-1 进入摩估云系统

步骤 2：在功能模块单击"收益法"选项卡，如图 5-2 所示。

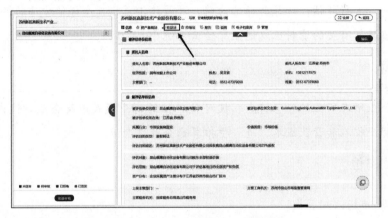

图 5-2 进入"收益法"功能模块

步骤 3：在项目"收益法"功能模块"收入和成本"工作表中完成相应项目的计算，然后单击"保存"按钮，如图 5-3 所示。

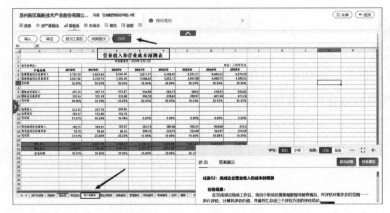

图 5-3 预测企业营业收入和成本

步骤4：单击"任务提交"按钮并查看得分，如图5-4所示。

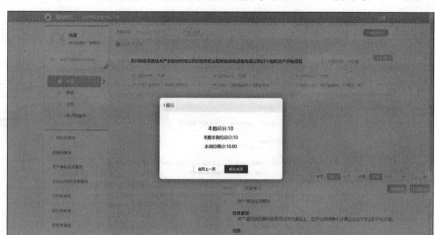

图5-4 提交任务并查看得分

任务5-2 完成企业税金及附加的预测

任务场景

在完成项目现场工作后，项目小组成员需要根据现场核查情况，对评估对象涉及的范围一一进行评估，计算其评估价值，并最终汇总出三个评估方法的评估结论。与评估价值计算有关的资料已发送至摩估云系统中。

任务目标

根据企业所在行业的经营特点、被评估单位的商业模式以及企业访谈内容，预测企业经营涉及的税金及附加，进一步推算出企业现金流。

任务涉及岗位

收益法/市场法测算岗。

任务要求

在"收益法"功能模块下的"税金及附加"工作表中完成增值税及附加税费的预测。

任务实施

步骤1：单击"摩估云"按钮，进入摩估云系统；在摩估云系统主页中单击界面左侧"昆山舰鹰自动化设备有限公司"按钮，如图5-5所示。

图5-5　进入摩估云系统

步骤2：在功能模块单击"收益法"选项卡，如图5-6所示。

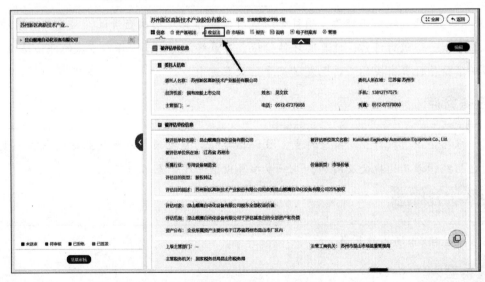

图5-6　进入"收益法"功能模块

步骤3：在项目"收益法"功能模块"税金及附加"工作表中完成相应项目的计算，然后单击"保存"按钮，如图5-7所示。

项目5 完成预测和计算各项财务指标

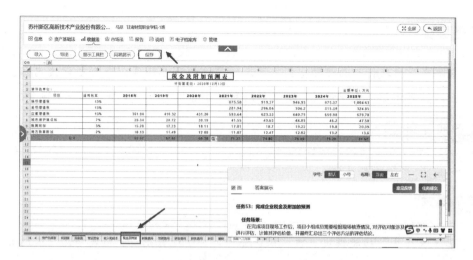

图5-7 预测企业税金及附加

步骤4：单击"任务提交"按钮查看得分，如图5-8所示。

图5-8 提交任务并查看得分

任务5-3 完成企业期间费用的预测

任务场景

在完成项目现场工作后，项目小组成员需要根据现场核查情况，对评估对象涉及的范围一一进行评估，计算其评估价值，并最终汇总出三个评估方法的评估结论。与评估价值计算有关的资料已发送至摩估云系统中。

235

任务目标

根据企业所在行业的经营特点、被评估单位的商业模式以及企业访谈内容，预测企业的销售费用、管理费用、研发费用和财务费用，进一步推算出企业现金流。

任务涉及岗位

收益法/市场法测算岗。

任务要求

在"收益法"功能模块下的"销售费用""管理费用""研发费用""财务费用"工作表中完成销售费用、管理费用、研发费用和财务费用的预测。

任务实施

步骤1：单击"摩估云"按钮，进入摩估云系统；在摩估云系统主页中单击左侧"昆山舰鹰自动化设备有限公司"按钮，在功能模块单击"收益法"选项卡，如图5-9所示。

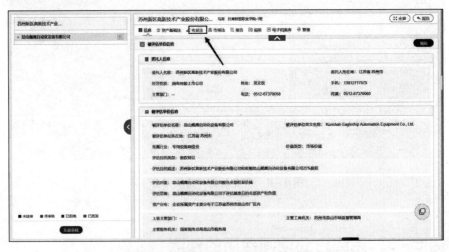

图5-9 进入"收益法"功能模块

步骤2：在项目"收益法"功能模块，进入"销售费用"工作表，完成销售费用预测，计算完毕后单击"保存"按钮。管理费用、研发费用、财务费用预测操作同销售费用预测，如图5-10～图5-13所示。

图 5-10 预测销售费用

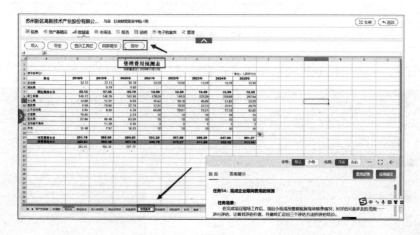

图 5-11 预测管理费用

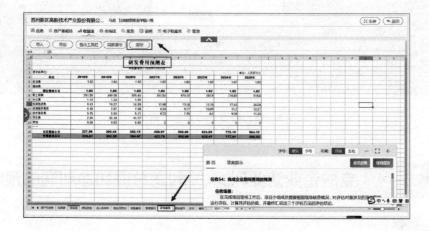

图 5-12 预测研发费用

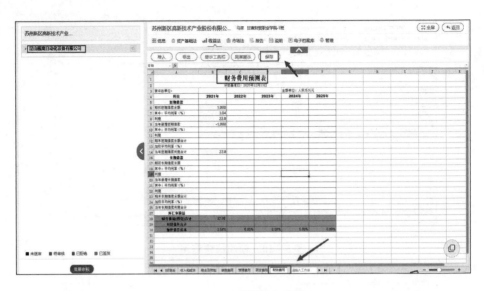

图 5-13 预测财务费用

步骤 3：单击"任务提交"按钮并查看得分，如图 5-14 所示。

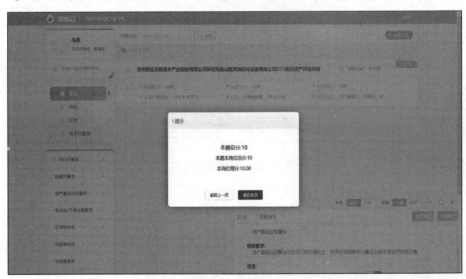

图 5-14 提交任务并查看得分

任务 5-4 完成企业营业利润、利润总额和净利润的预测

任务场景

在完成项目现场工作后，项目小组成员需要根据现场核查情况，对评估对象涉

及的范围一一进行评估，计算其评估价值，并最终汇总出三个评估方法的评估结论。与评估价值计算有关的资料已发送至摩估云系统中。

任务目标

根据企业的营业收入、营业成本、税金及附加、期间费用等预测数据，计算被评估单位预测期每一年的营业利润、利润总额、所得税和净利润，进一步推算出企业现金流。

任务涉及岗位

收益法/市场法测算岗。

任务要求

在"收益法"功能模块下的"现金流"工作表中完成营业利润、利润总额、所得税和净利润的计算。

任务实施

步骤1：单击"摩估云"按钮，进入摩估云系统；在摩估云系统主页中单击左侧"昆山舰鹰自动化设备有限公司"按钮，如图5-15所示。

图5-15　进入摩估云系统

步骤2：在功能模块单击"收益法"选项卡，如图5-16所示。

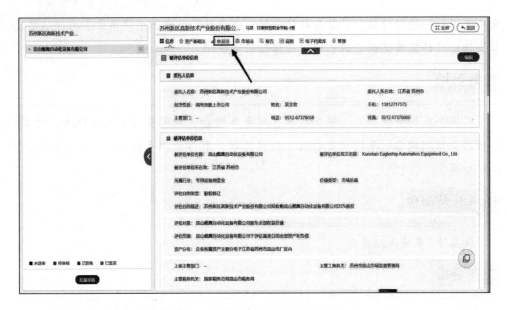

图 5-16 进入"收益法"功能模块

步骤 3：在项目"收益法"功能模块"现金流"工作表中，完成营业利润、利润总额、所得税和净利润等项目的计算，然后单击"保存"按钮，如图 5-17 所示。

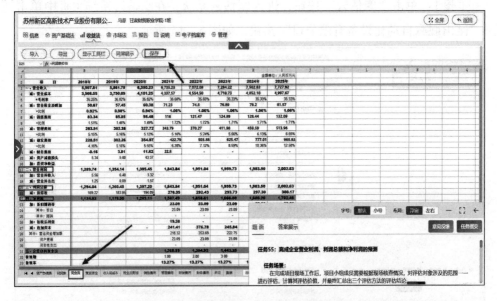

图 5-17 预测营业利润、利润总额和净利润

步骤 4：单击"任务提交"按钮并查看得分，如图 5-18 所示。

项目5 完成预测和计算各项财务指标

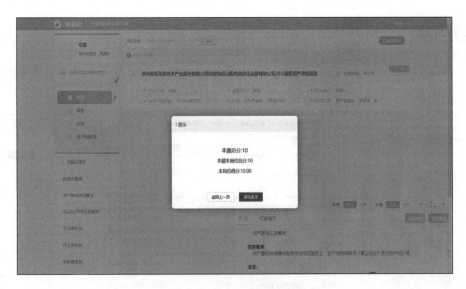

图5-18 提交任务并查看得分

任务5-5 完成企业折旧摊销费用的计算

任务场景

在完成项目现场工作后,项目小组成员需要根据现场核查情况,对评估对象涉及的范围一一进行评估,计算其评估价值,并最终汇总出三个评估方法的评估结论。与评估价值计算有关的资料已发送至摩估云系统中。

任务目标

根据企业的现有的资产及资本性支出数据,计算被评估单位预测期每一年的折旧费和摊销费,进一步推算出企业现金流。

任务涉及岗位

收益法/市场法测算岗。

任务要求

在"收益法"功能模块下的"折旧"工作表中完成折旧费的计算,"摊销"工作表中完成摊销费的计算。

241

任务实施

步骤1：单击"摩估云"按钮，进入摩估云系统；在摩估云系统主页中单击左侧"昆山舰鹰自动化设备有限公司"按钮，如图5–19所示。

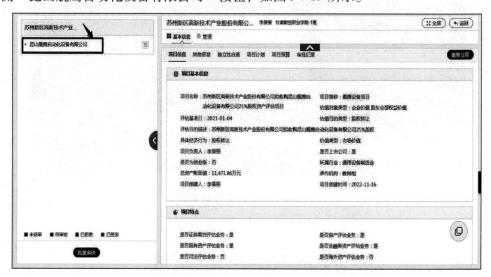

图5–19　进入摩估云系统

步骤2：在功能模块单击"收益法"选项卡，如图5–20所示。

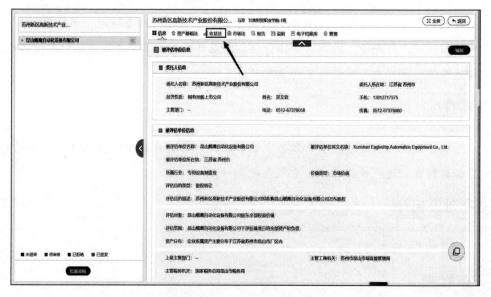

图5–20　进入"收益法"功能模块

步骤3：在项目"收益法"功能模块"折旧"工作表中完成固定资产项目折旧

费用的计算，然后单击"保存"按钮，如图 5-21 所示。

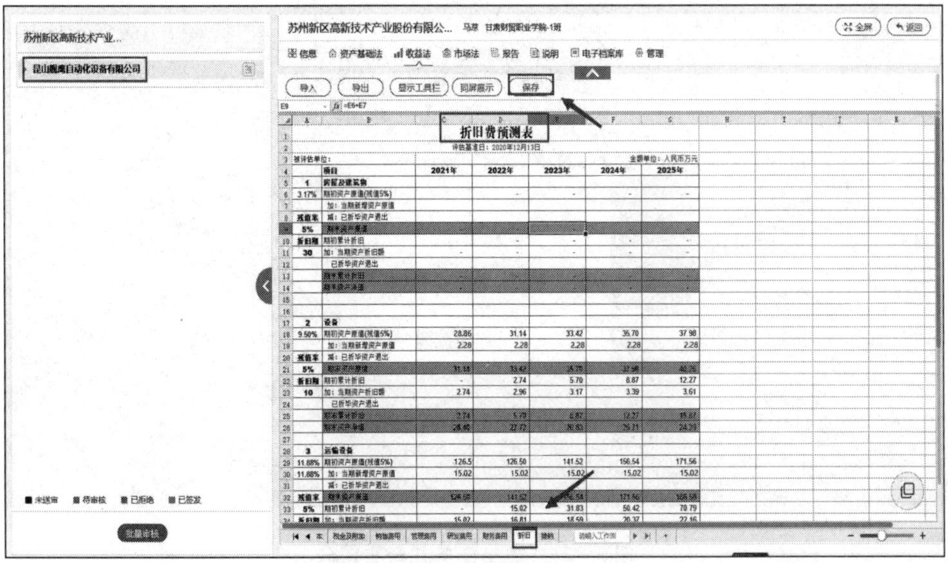

图 5-21 预测折旧费

步骤 4：在项目"收益法"功能模块"摊销"工作表中完成摊销项目的计算，然后单击"保存"按钮，如图 5-22 所示。

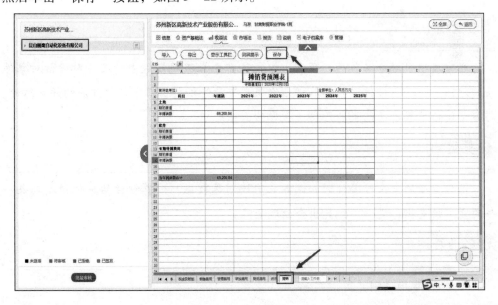

图 5-22 预测摊销费

步骤 5：单击"任务提交"按钮并查看得分，如图 5-23 所示。

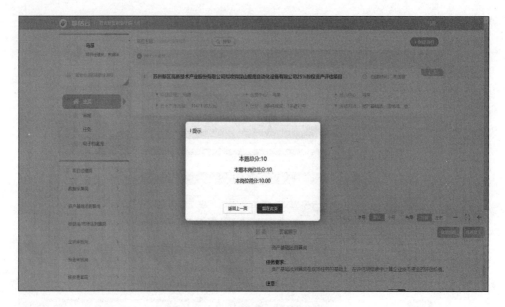

图 5–23 提交任务并查看得分

任务 5–6　完成企业资本性支出的预测

任务场景

在完成项目现场工作后，项目小组成员需要根据现场核查情况，对评估对象涉及的范围一一进行评估，计算其评估价值，并最终汇总出三个评估方法的评估结论。与评估价值计算有关的资料已发送至摩估云系统中。

任务目标

根据企业的未来经营计划和设备采购计划等数据，计算被评估单位预测期每一年的资本性支出，进一步推算出企业现金流。

任务涉及岗位

收益法/市场法测算岗。

任务要求

在"收益法"功能模块下的"现金流"工作表中完成资本性支出的计算。

任务实施

步骤1：单击"摩估云"按钮，进入摩估云系统；在摩估云系统主页中单击左侧"昆山舰鹰自动化设备有限公司"按钮，如图5-24所示。

图5-24　进入摩估云系统

步骤2：在功能模块单击"收益法"选项卡，如图5-25所示。

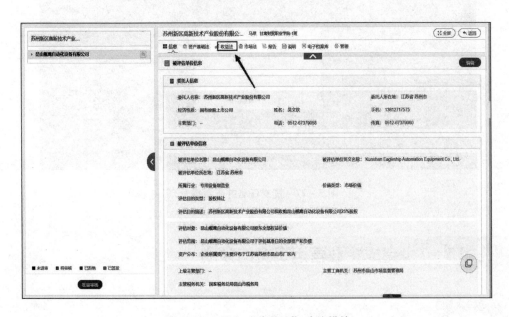

图5-25　进入"收益法"功能模块

步骤3：在项目"收益法"功能模块"现金流"工作表中完成资本性支出的计算，然后单击"保存"按钮，如图5-26所示。

图5-26 预测企业资本性支出

步骤4：单击"任务提交"按钮并查看得分，如图5-27所示。

图5-27 提交任务并查看得分

任务5-7 完成企业营运资金的预测

任务场景

在完成项目现场工作后，项目小组成员需要根据现场核查情况，对评估对象涉

项目5 完成预测和计算各项财务指标

及的范围一一进行评估，计算其评估价值，并最终汇总出三个评估方法的评估结论。与评估价值计算有关的资料已发送至摩估云系统中。

任务目标

根据企业的历史年度营运资金和营业收入的关系以及未来经营计划等数据，计算被评估单位预测期每一年的营运资金净增加额，进一步推算出企业现金流。

任务涉及岗位

收益法/市场法测算岗。

任务要求

在"收益法"功能模块下的"营运资金"工作表中完成营运资金的计算。

任务实施

步骤1：单击"摩估云"按钮，进入摩估云系统；在摩估云系统主页中单击左侧"昆山舰鹰自动化设备有限公司"按钮，如图5-28所示。

图5-28 进入摩估云系统

步骤2：在功能模块单击"收益法"选项卡，如图5-29所示。

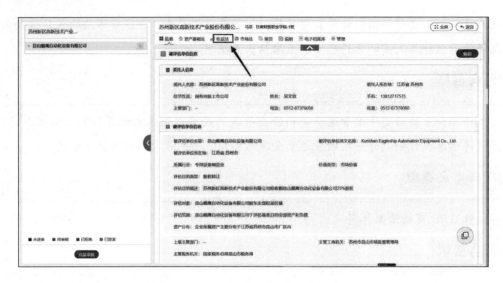

图 5－29　进入“收益法”功能模块

步骤 3：在“收益法”功能模块“营运资金”工作表中完成营运资金的计算，然后单击“保存”按钮，如图 5－30 所示。

营运资金预测表

评估基准日：2020年12月13日

被评估单位：								金额单位：万元
	2018年	2019年	2020年	2021年	2022年	2023年	2024年	2025年
营业收入合计	5,507.81	5,861.78	6,390.23	-	-	-	-	-
营业成本合计	3,566.05	3,750.09	4,101.25	-	-	-	-	-
期间费用	596.01	694.30	789.79	-	-	-	-	-
销售费用	83.34	85.85	95.48	-	-	-	-	-
管理费用	283.91	302.38	327.72	-	-	-	-	-
研发费用	228.91	302.26	354.97	-	-	-	-	-
财务费用	-0.16	3.81	11.62	-	-	-	-	-
完全成本	4,162.06	4,444.39	4,891.03	-	-	-	-	-
非付现成本	-	-	-	-	-	-	-	-
折旧								
摊销								
付现成本	4,162.06	4,444.39	4,891.03	-	-	-	-	-
最低现金保有量	346.84	370.37	407.59					
存　货	552.38	503.01	1,842.75					
应收款项	3,442.16	4,976.00	5,569.03					
应付款项	641.85	653.91	1,294.09					
营运资本	3,699.53	5,195.46	6,525.27	-	-	-	-	-
营运资本与营业收入的比例	0.67	0.89	1.02					
营运资本增加额	/	/	/	**-6,525.27**	-	-	-	-

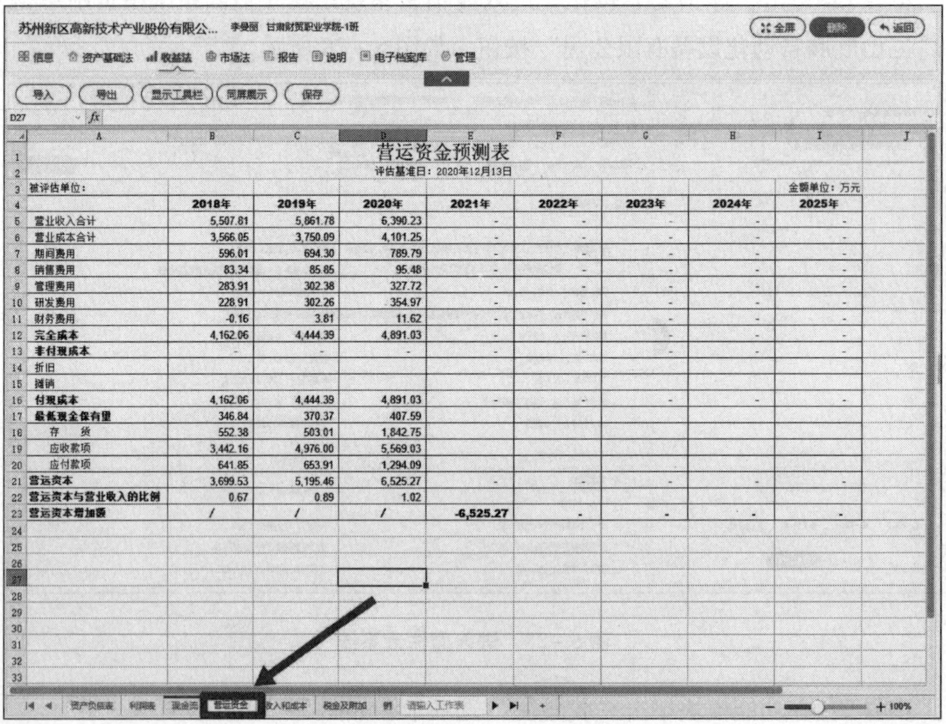

图 5－30　预测企业营运资金

步骤 4：单击“任务提交”按钮并查看得分，如图 5－31 所示。

项目5 完成预测和计算各项财务指标

图 5-31 提交任务并查看得分

任务 5-8 计算企业现金流

任务场景

在完成项目现场工作后，项目小组成员需要根据现场核查情况，对评估对象涉及的范围一一进行评估，计算其评估价值，并最终汇总出三个评估方法的评估结论。与评估价值计算有关的资料已发送至摩估云系统中。

任务目标

根据任务 5-1 至任务 5-7 的任务结果，计算企业现金流。

任务涉及岗位

收益法/市场法测算岗。

任务要求

在"收益法"功能模块下的"现金流"工作表中完成企业现金流的计算。

任务实施

步骤1：单击"摩估云"按钮，进入摩估云系统；在摩估云系统主页中单击左侧"昆山舰鹰自动化设备有限公司"按钮，如图 5-32 所示。

图 5-32　进入摩估云系统

步骤 2：在功能模块单击"收益法"选项卡，如图 5-33 所示。

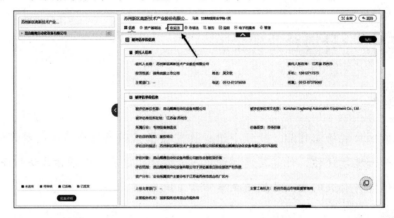

图 5-33　进入"收益法"功能模块

步骤 3：在项目"收益法"功能模块"现金流"工作表中完成企业现金流的计算，然后单击"保存"按钮，如图 5-34 所示。

图 5-34　计算企业现金流

步骤4：单击"任务提交"按钮并查看得分，如图5-35所示。

图5-35 提交任务并查看得分

任务5-9 完成企业价值适用的折现率的计算及企业经营性资产评估价值的计算

任务场景

在完成项目现场工作后，项目小组成员需要根据现场核查情况，对评估对象涉及的范围一一进行评估，计算其评估价值，并最终汇总出三个评估方法的评估结论。与评估价值计算有关的资料已发送至摩估云系统中。

任务目标

根据企业主营业务、商业模式和所在行业及其他相关的数据，选择合适的可比上市公司beta值，计算适用于企业的折现率。

任务涉及岗位

收益法/市场法测算岗。

任务要求

在"收益法"功能模块下的"现金流"工作表中完成折现率的计算。

任务实施

步骤1：单击"摩估云"按钮，进入摩估云系统；在摩估云系统主页中单击左侧"昆山舰鹰自动化设备有限公司"按钮进入项目，如图5-36所示。

图5-36 进入摩估云系统

步骤2：在功能模块单击"收益法"选项卡，如图5-37所示。

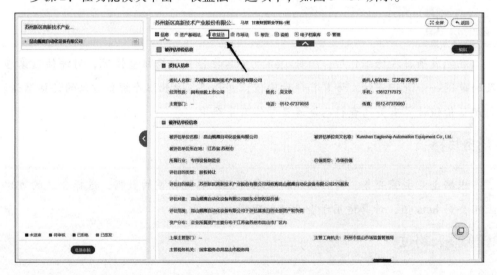

图5-37 进入"收益法"功能模块

步骤3：在"收益法"功能模块"现金流"工作表中完成折现率的计算，然后单击"保存"按钮，如图5-38所示。

项目5 完成预测和计算各项财务指标

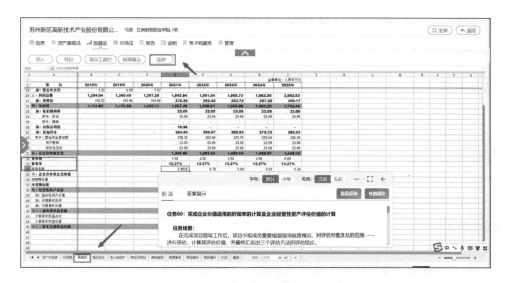

图5-38 计算企业价值适用折现率

步骤4：单击"任务提交"按钮并查看得分，如图5-39所示。

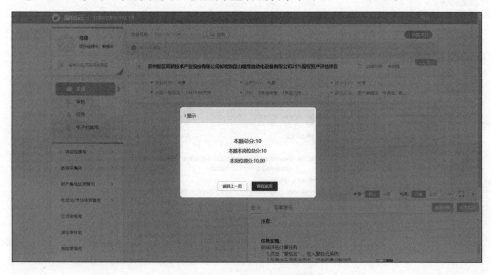

图5-39 提交任务并查看得分

任务5-10 完成企业价值收益法评估结果的计算

任务场景

在完成项目现场工作后，项目小组成员需要根据现场核查情况，对评估对象涉

及的范围——进行评估，计算其评估价值，并最终汇总出三个评估方法的评估结论。与评估价值计算有关的资料已发送至摩估云系统中。

任务目标

根据任务 5-1 至任务 5-9 的任务结果，计算企业收益法的评估结果。

任务涉及岗位

收益法/市场法测算岗。

任务要求

在"收益法"功能模块下的"现金流"工作表中完成企业价值收益法评估结果的计算。

任务实施

步骤 1：单击"摩估云"按钮，进入摩估云系统；在摩估云系统主页中单击"昆山舰鹰自动化设备有限公司"按钮进入项目，如图 5-40 所示。

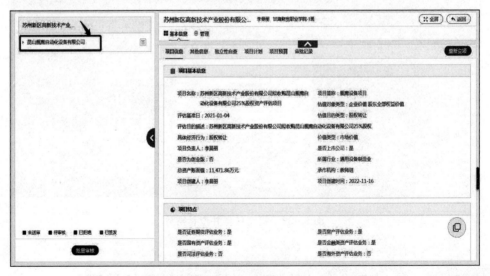

图 5-40　进入摩估云系统

步骤 2：在功能模块单击"收益法"选项卡，如图 5-41 所示。

项目5 完成预测和计算各项财务指标

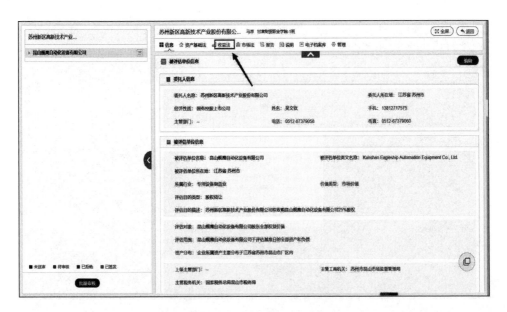

图 5-41 进入"收益法"功能模块

步骤3：在"收益法"功能模块"现金流"工作表中完成企业价值收益法评估结果的计算，然后单击"保存"按钮，如图 5-42 所示。

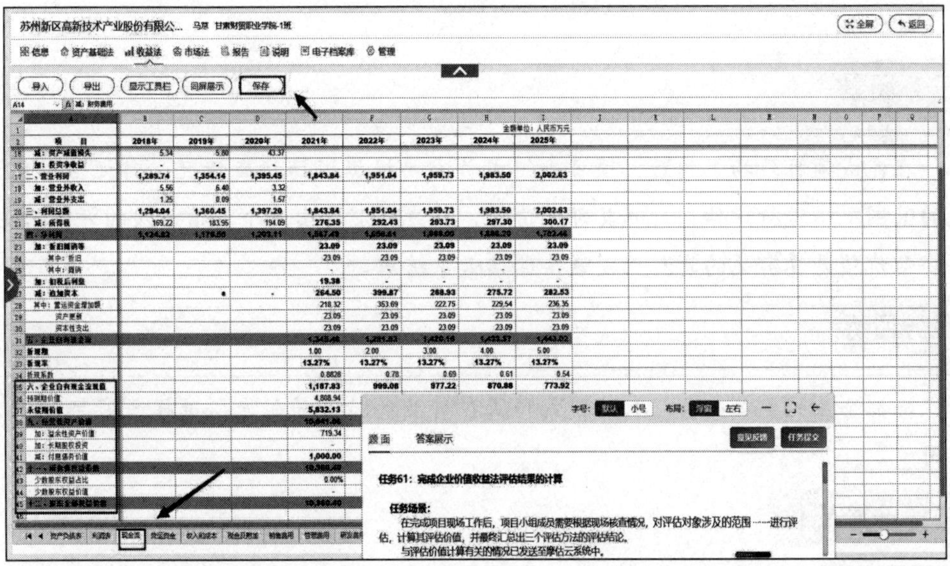

图 5-42 企业价值收益法评估结果的计算

步骤4：单击"任务提交"按钮并查看得分，如图 5-43 所示。

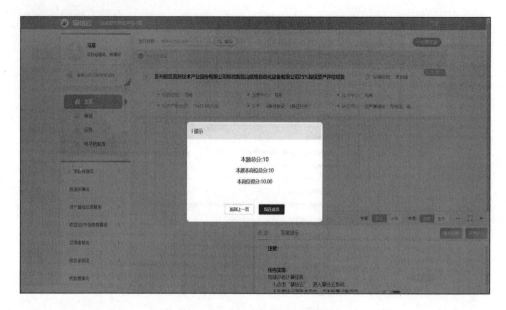

图 5-43　提交任务并查看得分

任务 5-11　选择可比案例

任务场景

在完成项目现场工作后，项目小组成员需要根据现场核查情况，对评估对象涉及的范围一一进行评估，计算其评估价值，并最终汇总出三个评估方法的评估结论。与评估价值计算有关的资料已发送至摩估云系统中。

任务目标

根据企业的主营业务、商业模式和所在行业的特点等信息，选择 3 家可比上市公司。

任务涉及岗位

收益法/市场法测算岗。

任务要求

在"市场法"功能模块下的"市场法结果"工作表中填写 3 家可比上市公司案例。

任务实施

步骤1：单击"摩估云"按钮，进入摩估云系统；在摩估云系统主页中单击界面左侧"昆山舰鹰自动化设备有限公司"按钮进入项目，如图5-44所示。

图5-44 进入摩估云系统

步骤2：在功能模块单击"市场法"选项卡，如图5-45所示。

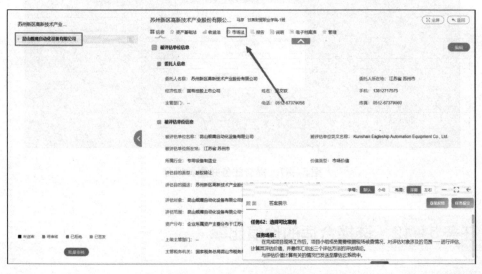

图5-45 进入"市场法"功能模块

步骤3：在"市场法"功能模块"市场法结果"工作表中完成相应项目的填写，然后单击"保存"按钮，如图5-46所示。

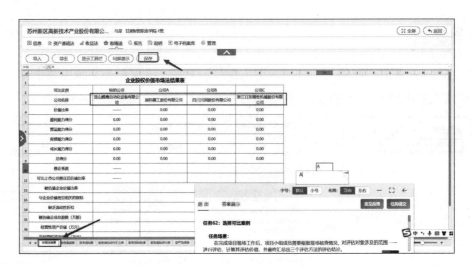

图 5-46　选择可比案例

步骤4：单击"任务提交"按钮并查看得分，如图5-47所示。

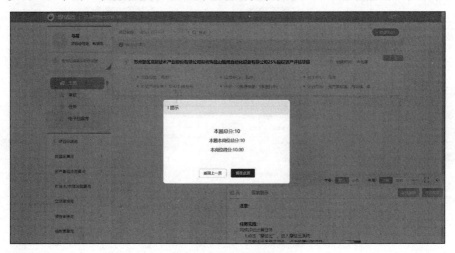

图 5-47　提交任务并查看得分

任务 5-12　选择合适的价值比率

任务场景

在完成项目现场工作后，项目小组成员需要根据现场核查情况，对评估对象涉及的范围一一进行评估，计算其评估价值，并最终汇总出三个评估方法的评估结论。与评估价值计算有关的资料已发送至摩估云系统中。

项目5 完成预测和计算各项财务指标

任务目标

根据企业的主营业务、商业模式和所在行业的特点等信息，选择合适的价值比率。

任务涉及岗位

收益法/市场法测算岗。

任务要求

在"市场法"功能模块下的"财务数据表"工作表中选择合适的价值比率。

任务实施

步骤1：单击"摩估云"按钮，进入摩估云系统；在摩估云系统主页中单击界面左侧"昆山舰鹰自动化设备有限公司"按钮进入项目，如图5-48所示。

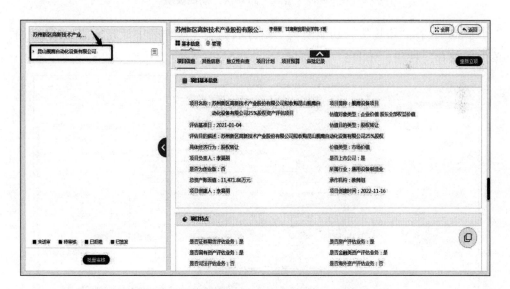

图5-48 进入摩估云系统

步骤2：在功能模块单击"市场法"选项卡，如图5-49所示。

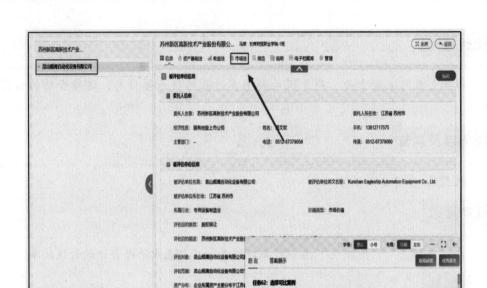

图 5-49　进入"市场法"功能模块

步骤 3：在"市场法"功能模块"财务数据表"工作表中计算价值比率，然后单击"保存"按钮，如图 5-50 所示。

图 5-50　计算价值比率

步骤 4：单击"任务提交"按钮并查看得分，如图 5-51 所示。

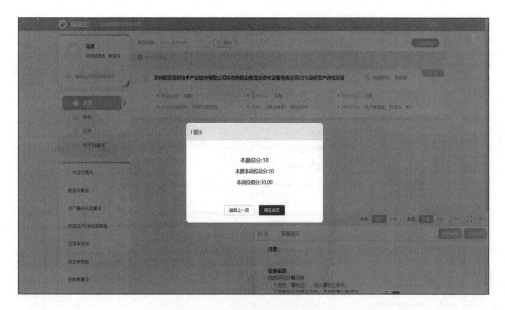

图 5-51 提交任务并查看得分

任务 5-13 录入企业与可比案例的财务数据并计算各项财务指标

任务场景

在完成项目现场工作后,项目小组成员需要根据现场核查情况,对评估对象涉及的范围一一进行评估,计算其评估价值,并最终汇总出三个评估方法的评估结论。与评估价值计算有关的资料已发送至摩估云系统中。

任务目标

根据可比上市公司的财务报告和被评估单位财务信息,填写可比上市公司和被评估单位的财务数据,并计算可比上市公司和被评估单位的财务指标。

任务涉及岗位

收益法/市场法测算岗。

任务要求

在"市场法"功能模块下的"财务数据表"工作表中填写相应的财务数据,在"财务指标表"中计算相应的财务指标。

任务实施

步骤1：单击"摩估云"按钮，进入摩估云系统；在摩估云系统主页中单击界面左侧"昆山舰鹰自动化设备有限公司"按钮，如图5-52所示。

图5-52 进入摩估云系统

步骤2：在功能模块单击"市场法"选项卡，如图5-53所示。

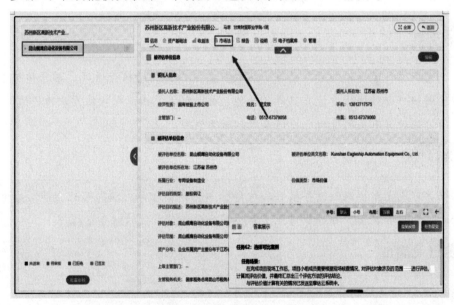

图5-53 进入"市场法"功能模块

步骤3：在"市场法"功能模块"财务数据表"工作表中完成相应项目的填写和计算，然后单击"保存"按钮，如图5-54所示。

项目5 完成预测和计算各项财务指标

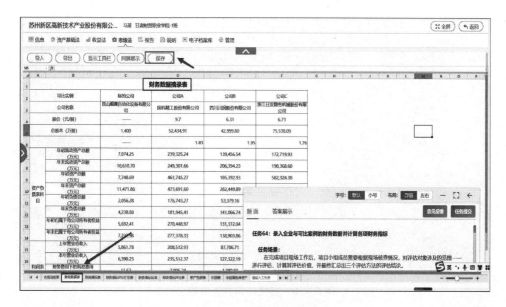

图 5-54 录入财务数据

步骤4：在"市场法"功能模块"财务指标表"工作表中完成相应项目的填写和计算，然后单击"保存"按钮，如图 5-55 所示。

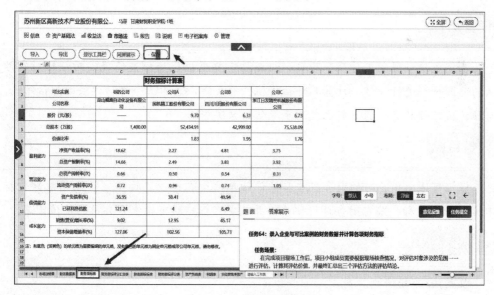

图 5-55 财务指标计算

步骤5：单击"任务提交"按钮并查看得分，如图 5-56 所示。

263

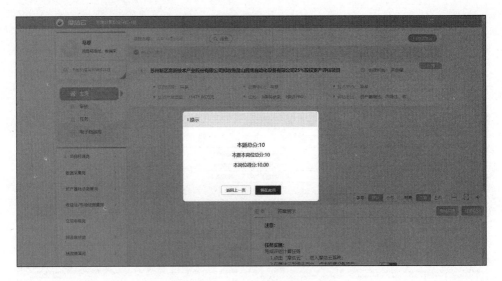

图 5-56 提交任务并查看得分

任务 5-14 建立财务指标评价体系并计算可比案例修正后的价值比率

任务场景

在完成项目现场工作后,项目小组成员需要根据现场核查情况,对评估对象涉及的范围一一进行评估,计算其评估价值,并最终汇总出三个评估方法的评估结论。与评估价值计算有关的资料已发送至摩估云系统中。

任务目标

根据可比上市公司的财务报告和被评估单位所在行业,按照《企业绩效评价标准值》行业指标,确定财务评价体系,并确定修正后的可比上市公司的价值比率。

任务涉及岗位

收益法/市场法测算岗。

任务要求

在"市场法"功能模块下的"财务指标标准"工作表中建立相应的财务评价体系,"财务指标评分汇总表"汇总可比上市公司和被评估单位的评分,在"市场法结果"中计算修正后的可比上市公司价值比率。

任务实施

步骤1：单击"摩估云"按钮，进入摩估云系统；在摩估云系统主页中单击界面左侧"昆山舰鹰自动化设备有限公司"按钮，在功能模块单击"市场法"选项卡，如图5-57所示。

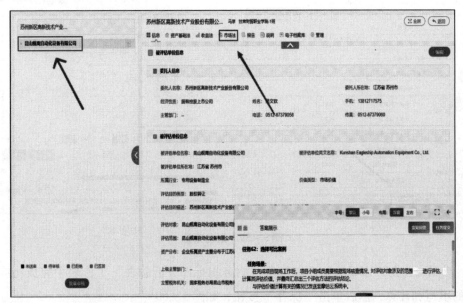

图5-57 进入摩估云系统

步骤2：在"市场法"功能模块"财务指标标准"工作表中完成相应项目的填写和计算，然后单击"保存"按钮，如图5-58所示。

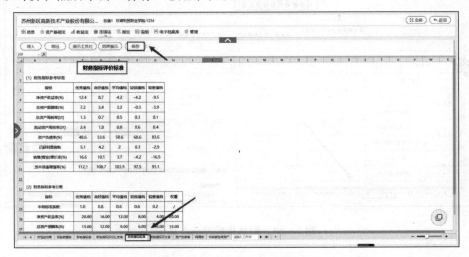

图5-58 财务指标标准

步骤3：在"市场法"功能模块"财务指标表"工作表中完成相应项目的填写和计算，然后单击"保存"按钮，如图5-59所示。

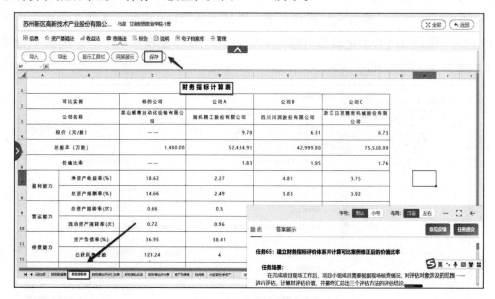

图5-59　财务指标

步骤4：在"市场法"功能模块"财务指标评分汇总表"工作表中完成相应项目的填写和计算，然后单击"保存"按钮，如图5-60所示。

图5-60　财务指标评分汇总表

步骤5：在"市场法"功能模块"财务数据表"工作表中完成相应项目的填写

和计算，然后单击"保存"按钮，如图 5-61 所示。

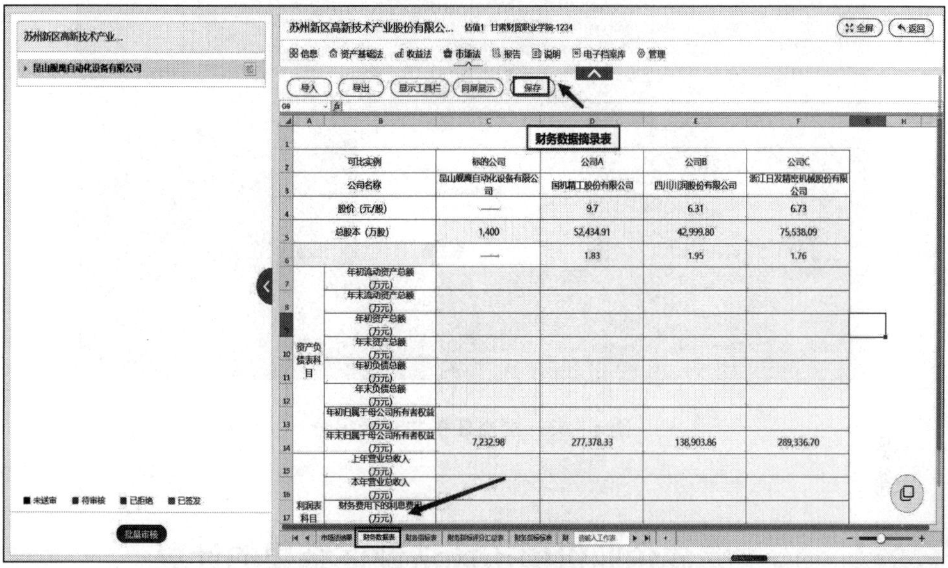

图 5-61　财务数据表

步骤 6：在"市场法"功能模块"市场法结果"工作表中完成相应项目的填写和计算，填写完毕后单击"保存"按钮，如图 5-62 所示。

图 5-62　可比上市公司修正后价值比率

步骤 7：单击"任务提交"按钮并查看得分，如图 5-63 所示。

图 5-63　提交任务并查看得分

任务 5-15　完成企业价值市场法评估结果的计算

任务场景

在完成项目现场工作后，项目小组成员需要根据现场核查情况，对评估对象涉及的范围一一进行评估，计算其评估价值，并最终汇总出三个评估方法的评估结论。与评估价值计算有关的资料已发送至摩估云系统中。

任务目标

根据任务 5-11~任务 5-14 的计算结果，完成被评估单位市场法评估结果的计算。

任务涉及岗位

收益法/市场法测算岗。

任务要求

在"市场法"功能模块下的"市场法结果"中计算被评估单位的市场法评估结果。

任务实施

步骤 1：单击"摩估云"按钮，进入摩估云系统；在摩估云系统主页中单击界面左侧"昆山舰鹰自动化设备有限公司"按钮，如图5-64所示。

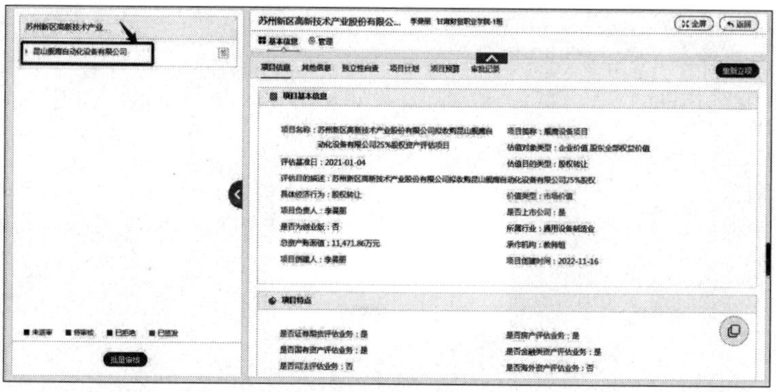

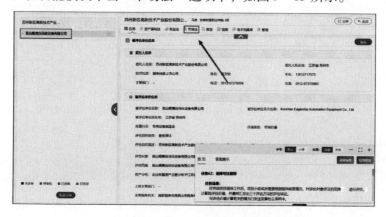

图5-64　进入摩估云系统

步骤2：在功能模块单击"市场法"选项卡，如图5-65所示。

图5-65　进入"市场法"功能模块

步骤3：在"市场法"功能模块"市场法结果"工作表中完成相应项目的填写和计算，然后单击"保存"按钮，如图5-66所示。

图5-66　市场法评估企业价值

步骤4：单击"任务提交"按钮并查看得分，如图5-67所示。

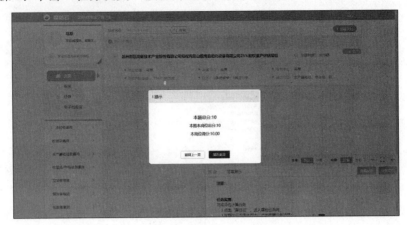

图5-67　提交任务并查看得分

项目6 撰写报告完成项目结项

任务6-1 完成评估报告的撰写

任务场景

在完成项目现场工作并汇总出最终的评估结论后，项目小组需要向委托方提交资产评估报告，说明本次评估项目的最终结论。评估项目的最终结论需要根据项目的情况，选用两种合适的方法在评估报告中进行提现，并最终选用一种评估方法的评估结果作为项目的最终评估结论。

任务目标

根据项目1至项目5的任务结果，完成项目资产评估报告的撰写。

任务涉及岗位

项目经理岗。

任务要求

在"报告"功能模块下撰写资产评估报告，在"说明"功能模块下撰写资产评估说明。

任务实施

步骤1：单击"摩估云"按钮，进入摩估云系统，单击界面左侧选择评估单位"昆山舰鹰自动化设备有限公司"按钮，选择界面右侧的报告进入任务操作界面，如图6-1所示。

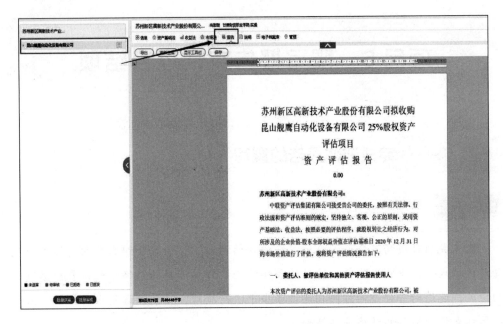

图 6-1　任务操作界面

步骤 2：单击"报告"选项卡，完成资产评估报告的撰写，然后单击"保存"按钮，如图 6-2 所示。

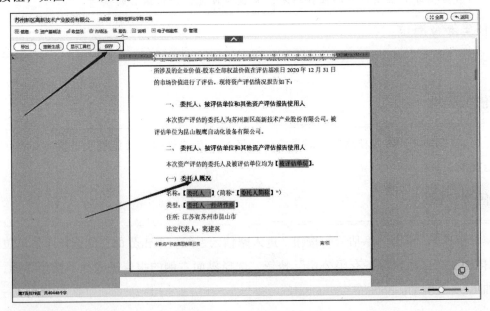

图 6-2　撰写资产评估报告

步骤 3：单击"说明"选项卡，完成资产评估说明的撰写，然后单击"保存"按钮，如图 6-3 所示。

项目6 撰写报告完成项目结项

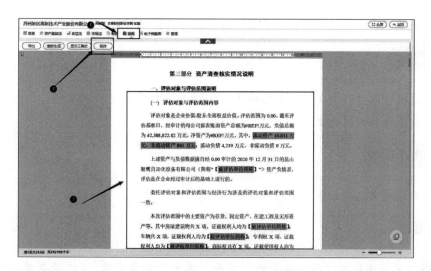

图6-3 撰写资产评估说明

步骤4：提交任务后查看该项任务得分并返回上一页继续进行下一个任务，如图6-4所示。

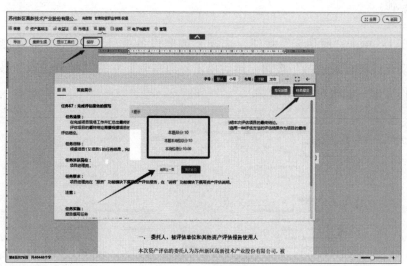

图6-4 任务提交

任务6-2 申请并完成报告审核

任务场景

在完成项目现场工作、汇总出最终的评估结论和撰写资产评估报告后，项目小

273

组需要向公司质控部门提交报告审核，以保证项目质量。

任务目标

通过报告审核，减少项目工作的失误，提高评估项目完成的质量，逐步建立起评估公司在行业内的名声。

任务涉及岗位

项目经理岗、报告审核岗。

任务要求

1. 项目经理岗在"项目结构树"页面，单击"批量审核"，选择舰鹰公司，并发起报告审核。

2. 报告审核岗在"报告审核"页面，完成项目经理送审项目的审核。

任务实施

步骤1：单击"摩估云"按钮，选择"舰鹰设备项目"，单击界面左侧"昆山舰鹰自动化设备有限公司"按钮，然后单击界面左侧下方的"批量送审"按钮进入任务操作界面，如图6-5所示。

图6-5　任务操作界面

步骤2：勾选需要送审的项目，单击"送审"按钮，然后单击"确认提交"按钮，如图6-6所示。

项目6 撰写报告完成项目结项

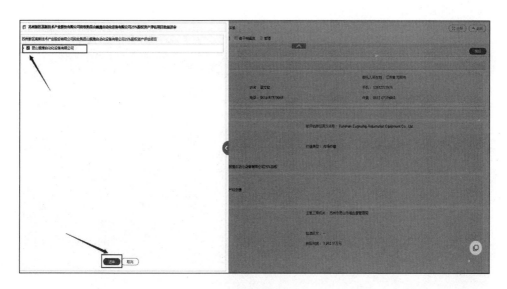

图 6-6 项目送审

步骤3：单击"摩估云"按钮，选择"舰鹰设备项目"，单击界面左侧"昆山舰鹰自动化设备有限公司"按钮，然后先单击界面左侧下方的"批量送审"按钮，再单击"批量审核"按钮进入任务操作界面，如图 6-7 所示。

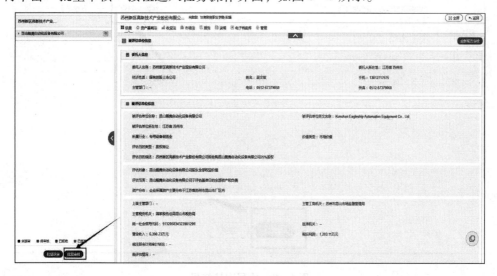

图 6-7 批量审核

步骤4：勾选需要审核的项目后单击"审核"按钮，填写审核结果以及备注，最后单击"确定"按钮，如图 6-8、图 6-9 所示。

275

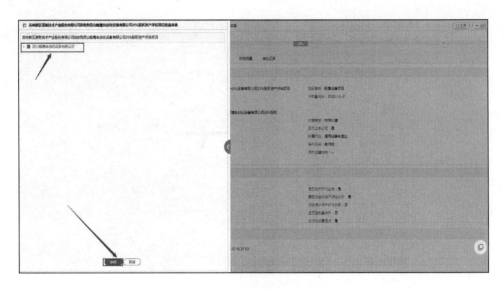

图 6-8 报告审核

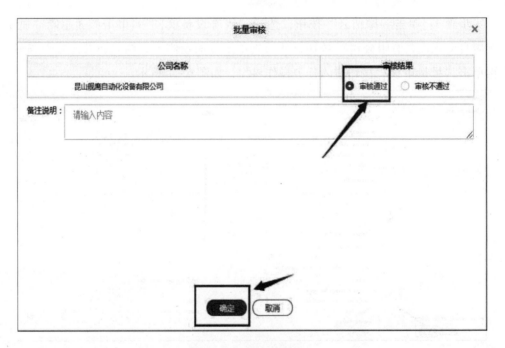

图 6-9 填写审核结果

步骤 5：提交任务后查看该项任务得分并返回上一页继续进行下一个任务，如图 6-10 所示。

项目6 撰写报告完成项目结项

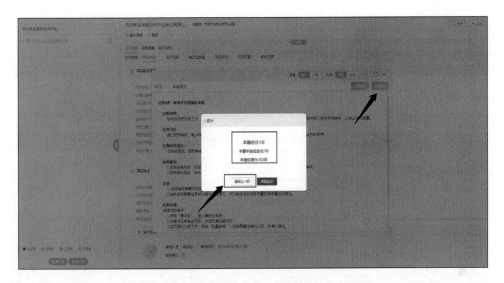

图 6-10 任务提交

任务 6-3 申请核数盖章并出具评估报告

任务场景

在通过报告审核后、报告出具前,项目小组需要提交报告予以校对,将对外提交的报告的低级错误减少至最低。

任务目标

通过报告校核,减少项目提交成果(含报告、说明和明细表等文件)的低级错误(如错别字、计算公式错误等),提高资产评估报告的质量,增加委托方对公司专业度的认可。

任务涉及岗位

项目经理岗、核数盖章岗。

任务要求

1. 项目经理岗在项目信息层级,单击"管理"页面,选择舰鹰公司,并发起报告盖章审核。

2. 报告审核岗在"报告核数盖章审核"页面,完成项目经理送审项目的审核。

任务实施

步骤1：单击"摩估云"按钮，选择"舰鹰设备项目"，单击界面右侧"管理"中的"报告盖章"按钮进入任务操作界面，如图6-11所示。

图6-11 任务操作界面

步骤2：选择"昆山舰鹰自动化设备有限公司"，申请核数盖章审核，然后单击"确认提交"按钮，如图6-12所示。

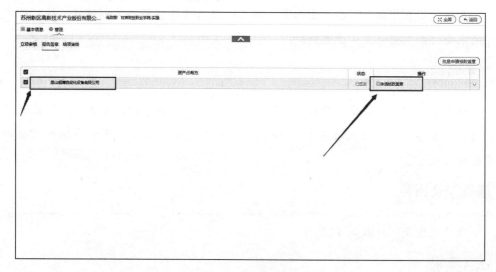

图6-12 申请核数盖章

步骤3：进入摩估云系统主页单击"审核"按钮，然后单击"报告核数盖章审核"按钮，如图6-13所示。

项目6 撰写报告完成项目结项

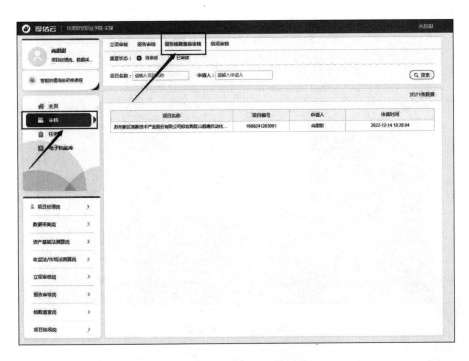

图 6-13 报告核数盖章审核

步骤4：选择"舰鹰设备项目"，根据已经审核的报告、说明及明细表等文件，单击"核数盖章通过"按钮，然后单击"确认提交"按钮，如图 6-14 所示。

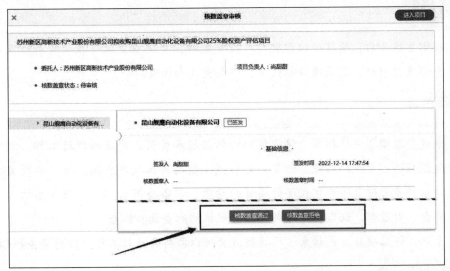

图 6-14 报告核数盖章审核提交

步骤5：提交任务后查看该项任务得分并返回上一页继续进行下一个任务，如图 6-15 所示。

279

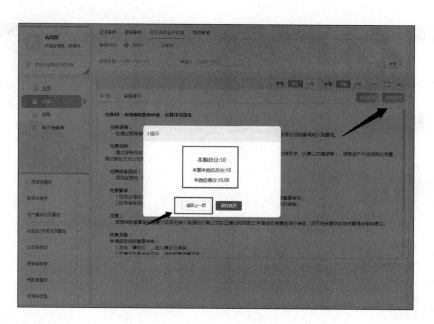

图 6-15 任务提交

任务 6-4 整理评估档案并完成项目结项

任务场景

在出具报告后,项目小组需要整理报告资料,并将项目取得底稿资料以及电子档案全部进行归档,完成项目的结项,以备查询和检查。

任务目标

通过整理归集评估档案,将收集的评估数据和资料、完成的现场工作、经审核的评估报告进行系统的梳理、归集,并形成完整的评估项目底稿。将评估项目底稿交至评估档案管理员即可完成评估项目的结项,以备公司内部评估信息查询人以及行业协会、财政部、证监会等外部评估管理机构的查询和检查。

至此,评估项目正式结束,项目组成员可以取得与项目工作相关的劳务报酬。

任务涉及岗位

项目经理岗、项目结项岗。

任务要求

1. 在整理好评估底稿资料后，项目经理岗在项目信息层级，单击"管理"页面，选择舰鹰公司，并发起项目结项审核。

2. 结项审核岗在"结项审核"页面，完成项目经理送审项目的审核。

任务实施

步骤1：单击"摩估云"按钮，选择"舰鹰设备项目"，单击界面右侧的"结项提交"按钮，然后提交结项审核申请并确认提交，如图6-16所示。

图6-16 提交结项申请

步骤2：进入摩估云系统主页中单击"审核"按钮，选择"结项审核"，如图6-17所示。

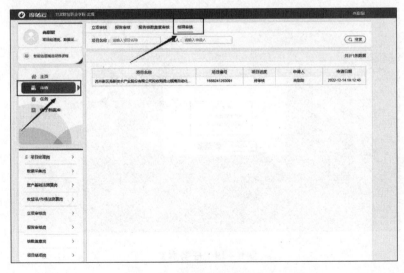

图6-17 结项审核

步骤3：进入结项审核模块，选择"舰鹰设备项目"，填写审核结果（根据项目完成情况以及审核要求填写结果），然后单击"确认提交"按钮，如图6-18所示。

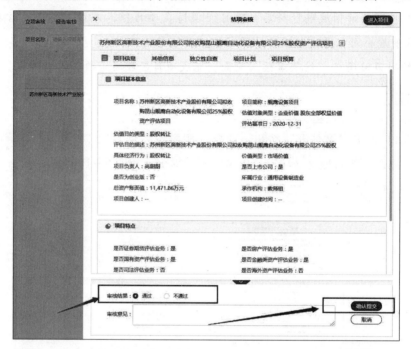

图6-18 提交结项审核

步骤4：提交任务后查看该项任务得分并返回上一页继续进行下一个任务，如图6-19所示。

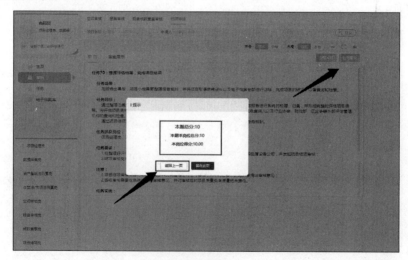

图6-19 任务提交

参考文献

[1]汪潮林."1+X"制度与高职资产评估专业融合研究:以中联"1+X智能估值"证书为例[J].才智,2022(30):98-101.

[2]詹荣花,黄爱玲,肖龙.新财会智能估值复合人才培养实践:"1+X"试点背景下能力成熟度视角分析[J].武夷学院学报,2022,41(9):100-109.

[3]曹英.基于"1+X"证书制度下的课堂革命探索:以资产评估与管理专业课程为例[J].中外企业文化,2021(9):105-106.

[4]唐剑波.《中华人民共和国资产评估法》的"专业性"解读[J].地产,2019(10):40-42.

[5]中联集团教育科技有限公司.智能估值数据采集与应用[M].北京:高等教育出版社,2022.

[6]中国资产评估协会.资产评估基础[M].北京:中国财政经济出版社,2023.

[7]中国资产评估协会.资产评估相关知识[M].北京:中国财政经济出版社,2023.

[8]中国资产评估协会.资产评估实务(一)[M].北京:中国财政经济出版社,2023.

[9]中国资产评估协会.资产评估实务(二)[M].北京:中国财政经济出版社,2023.

[10]詹胜铃.实物期权模型在无形资产定价中的应用[J].合作经济与科技,2024(7):137-139.

教师服务

感谢您选用清华大学出版社的教材！为了更好地服务教学，我们为授课教师提供本书的教学辅助资源，以及本学科重点教材信息。请您扫码获取。

▶▶ 教辅获取

本书教辅资源，授课教师扫码获取

▶▶ 样书赠送

财政与金融类重点教材，教师扫码获取样书

 清华大学出版社

E-mail: tupfuwu@163.com
电话：010-83470332 / 83470142
地址：北京市海淀区双清路学研大厦 B 座 509

网址：https://www.tup.com.cn/
传真：8610-83470107
邮编：100084